U0925273

全世界，我都想带着你去走

最好的成长在路上，最快乐的童年在途中

陈羽亭◎著

台海出版社

图书在版编目（CIP）数据

全世界，我都想带着你去走 / 陈羽亭著. — 北京：
台海出版社, 2015.3
ISBN 978-7-5168-0591-6
Ⅰ.①全… Ⅱ.①陈… Ⅲ.①家庭教育 Ⅳ.①G78
中国版本图书馆CIP数据核字(2015)第066956号

全世界，我都想带着你去走

著　　者：陈羽亭
责任编辑：阴　鹏　　装帧设计：尚世视觉
版式设计：刘　艳　　责任印制：蔡　旭
出版发行：台海出版社
地　　址：北京市朝阳区劲松南路1号，　邮政编码：100021
电　　话：010—64041652（发行，邮购）
传　　真：010—84045799（总编室）
网　　址：www.taimeng.org.cn/thcbs/default.htm
E - mail：thcbs@126.com
经　　销：全国各地新华书店
印　　刷：北京彩虹伟业印刷有限公司
本书如有破损、缺页、装订错误，请与本社联系调换
开　　本：150×210　1/32
字　　数：185千字　　印　张：8.75
版　　次：2015年7月第1版　　印　次：2015年7月第1次印刷
书　　号：ISBN 978-7-5168-0591-6
定　　价：32.80元

亲爱的宝，妈妈想让你知道，这个世界真的好大，大到你曾经觉得承受不住的挫折和委屈都显得那么的微不足道；这个世界也好小，小到每一个有心人都可以将万水千山走遍。

我的宝贝，古灵精怪，优点不少，缺点多多。和普天之下所有的妈妈一样，用尽世界上最美好的语言都无法表达我对她的爱。

我执着地认为，女孩子应该多读书、多行路，这样才能拥有视野开阔的人生，还能带上点儿豪迈气质。

我不会因为她晕车或偏食就不牵着她远行，更不会因为她有点儿胆小和害羞就不拉着她飞越太平洋。

我也不会因为总是忙碌的孩子爸抽不出时间就取消计划，因为再不带着四岁多的宝去看看地球的另一边，她就要上小学了！

宝贝，你知道吗？只要你在妈妈身边，妈妈就会觉得生活格外的美好，时间都变得温柔起来。你的笑，你的奔跑和你的欢叫，让妈妈不禁感慨——你真是个活宝，是上天赐予自己的礼物！有你在身边，真好。

这世界上有那么多美好的风景，妈妈只想牵着你的小手，带你去看个遍。

序

全世界，我都想带着你去走

我有一个古灵精怪的女儿，优点不少，缺点多多。和普天之下所有的妈一样，用尽世界上最美好的语言都无法表达我对她的爱。

自从变身女超人妈妈，时间就悄悄地在宝的泳池里流过了，在宝浅笑的眼眸里融化了，在宝不停地问为什么中消失了，在宝生气噘起的嘴里吓没了，在绵延的雨声中，在迟迟不散的雾霾里……不知去哪儿了。

我也曾经是一个手忙脚乱的妈妈，也曾经如饥似渴地查阅各种五花八门的育儿经，焦虑、着急，当然偶尔也抓狂。

以前总是听到别人说做了妈妈，世界就打开了另一扇窗，我后来发现：其实关闭了更多扇门好嘛！

不过，通过被打开的那扇窗往外张望，风景也很别致啊！

而且成为妈妈后，才“发现新大陆”：原来纸尿裤有这么多牌子，奶瓶也分宽口的、窄口的、玻璃的、塑料但可高温消毒的；吃饭的小勺子也有真的只是一把小勺子和附带随温度变色功能的神勺；而那些对我来说完全没有想象余地的围嘴呢？居然也分为平面的和立体的！

这些，才仅仅只是上学前的节奏而已。

想到这里，同样作为妈妈的亲们，是不是有一点点伤感？

有那么一些千辛万苦的绝望时刻，是不是觉得自己就像一条被榨干的咸鱼，被宝压得再也翻不了身？

有了宝的生活不可能再是一个人的华尔兹，不再是二人世界的浪漫民谣，更多的时候，是再也无法睡一个整觉的咏叹调，是没有夜生活只为宝轻哼的催眠曲，是全家总动员和各种观点的大合唱，是宝上学以后，妈妈雄赳赳气昂昂的《义勇军进行曲》！

妈妈蜕成囚鸟，爸爸沦为困兽。

那么，上天把这些可爱的孩子们分派给我们守护，到底是为了什么呢？

是在她像小动物一样蜷于你怀里喝奶的深深依恋，你就暂时忘记自己是一头胡吃海塞的奶牛？

是在她洗一个舒服的澡后对你迷

人地一笑，你就不顾自己被汗水和洗澡水打湿的狼狈样儿？

是她在吃饱以后鼓起小青蛙肚，用油呼呼的小嘴亲亲你，你就觉得做个再苦再累的黄脸婆也无怨无悔？

妈妈，真的是好容易满足的特殊物种呵。

我常常在想：成为宝的母亲，是此生上天对我最慈悲的安排。

除此之外，我也不停揣测上天的美意托付，应该还希望妈妈能领着宝，一起去发现这个星球的美好，去体验生命的丰盛和完满。

一辈子也不会忘记，在那个天气好得该永远记住的明媚日子里，妈妈推着坐在小车里的宝，悠哉地沿着每天都经过的小路，走近Waikiki海滩，像往常一样散步聊天。

突然，宝把一直缠在手中卷着玩的小墨镜布高高地举过头顶，两只小手捏着两个角，迎面而来的海风把眼镜布吹得往后“扑扑”抖动，“呼呼”直响。妈妈和宝都被这滑稽的声音逗乐，宝开怀大笑，越笑越大声，越笑越大声，最后笑得前仰后合。

妈妈低头一看，那块小小的眼镜布真是像极了一面旗帜，在宝用力拽着的手中，那么快乐地在夏威夷的上空骄傲地飘扬。而亲爱的宝，在当下是那么的自由自在，开心满足，就像一只呼扇着翅膀准备飞向天际，尽情翱翔的小鸟。

金灿灿的阳光洒在我们的身上，衬托着宝闪闪发光的笑容，那个场景永远、永远定格在妈妈的脑海里，扑面而来的风把我们的笑声荡漾开去，远处还有一望无垠的大海和高高的椰子树。

过后的好长一段时间，只要一提“眼镜布”三个字，就像念出一句能打开宝藏的魔咒，妈妈和宝总是会很有默契地爆发出一阵爽朗的笑声：“哈哈哈！哈哈哈！”

这样的体验，有没有解答亲们心里的那个疑虑——孩子这么小会不会记得旅行过的经历？如果不记得，还要不要带她去旅行？

请相信孩子会记得，即使没那么完整，不是百分之百。

哪怕她真的想不起来所有的场景，但是她会记得彼时彼刻那种温暖的、愉悦的感受，在将来的日子里，也会在某时某刻想起这种相似的感觉，被唤醒、被鼓励、被包围。

让孩子在年幼的时候，多一些这样无所顾忌的大笑，对她的一生很重要。

带上亲爱的宝，来一次说走就走的旅行吧！

目录
CONTENTS

Baby, let' s go!
宝贝，我们出发吧！

002 用小小脚丈量大世界
008 妈妈去哪儿呢？
014 无担忧的快乐自由行
016 旅行百宝箱

The First Stop Los Angeles
洛杉矶

022 第一次长途飞行
028 我摸过的海水会流到中国吗？
035 时尚初体验
039 耐克鞋上的勾

The Second Stop San Diego 圣地亚哥

050 为了乐高，晕车也不怕

056 乐高，就是快乐和高兴

The Third Stop Orlando 奥兰多

070 踏上想象之旅

078 全世界最快乐的地方

088 我想养一只海豚

096 掌声为你响起

107 What’s your name?

117 妈妈的不眠之夜

124 灰姑娘城堡里的夏洛克

137 彩虹的尽头是不是有一大堆金子?

145 好想绕着地球跑

155 妈妈，我要做女王
165 扭扭腰，跳跳舞
177 好棒的特技赛车手!
186 非洲大草原上的冒险
199 透过你的眼睛看到世界美好
206 今天全都听宝贝的
216 航班取消了
223 为了更好玩的，就必须坚持在路上

The Fourth Stop Hawaii 夏威夷

232 这么多的岛呀!
239 长大后我要当草裙舞老师
247 永恒的珍珠港
257 妈妈不要变老好吗?

265 后记

亲亲我的宝贝
妈妈愿与你一起
越过高山，跨过海洋

摘颗星星作你的玩具
拍打太平洋调皮的海脚

我们去寻找那失踪的彩虹吧
还要在那梦幻国度中跳舞

妈妈愿与你一起
走到世界的尽头
用尽我一切办法

BGM：《亲亲我的宝贝》—周华健

Baby，let’s go!

宝贝，我们出发吧！

我不知道这个小孩是不是一个礼物

但我知道我的生活不再原地踏步

陪她长大

给她很多很多的爱

让她拥有自己的灵魂和梦

用小小脚丈量大世界

做新闻记者的那几年，常常因为采访任务游走四方，习惯了站在汹涌的人潮前面，也习惯了总在通往未知的路上。

从大雪纷飞的中俄峰会，飞临洪水肆虐的南方；从钓鱼台国宾馆出来，又走到偏远山区的田间地头；挥手告别访华的老布什和施瓦辛格，又看到六方会谈代表团一张张严肃的脸。拖着刚打开又合上的箱子辗转在各个机场，被各地宣传部和兄弟电视台接来送去……有点像捧着水晶球流浪的吉普赛人。

后来，满世界游荡的吉普赛人终于有了一辆属于自己的心爱马车，再后来，又拥有了一个天赐的宝贝。

三毛说："流浪不是浪漫，也不是为了天空飞翔的小鸟。"

有着"天籁之音"的齐豫，不仅唱过那首空灵的《橄榄树》，

还唱过另一首《女人与小孩》：

我不知道这个小孩是不是一个礼物
但我知道我的生活不再原地踏步
陪她长大
给她很多很多的爱
让她拥有自己的灵魂和梦
因为一个小孩是一个神秘的存在
跟星星一样奇异一样发着光
跟水果一样新鲜
花儿一样芳香

在洁白的产房里，宝第一声啼哭，仿若从天而降，她的出生对我来说，意义非凡。也就好比一轮旭日，炸开了混沌无边，从开天辟地的那一秒钟开始，

我生命的钟不再逆转，我的整个宇宙也全然不同以前。

从今往后，如此平凡渺小的我，居然也有了那个崭新而神圣的名字——“妈妈”。

初为人母的我，不知道要怎么去做一个好母亲。

妈妈很想把小小的宝装进曾经为我遮风避雨的斗篷里，带她去看看我们共同生活的这个广阔而辽远的世界。

妈妈想牵着宝，一起去领略祖国的壮美河山和锦绣无限，踏上雄关漫道绘彩云翩翩；

妈妈想牵着宝，一起走进卢浮宫殿，久久凝望逼真流畅的雕像，于无声处感受沧桑；

妈妈想牵着宝，一起坠入普罗旺斯的薰衣草花海，让沁人心脾的香气弥漫香甜的美梦；

妈妈想牵着宝，一起横跨博斯普鲁斯海峡，听响彻伊斯坦布尔的《古兰经》涤荡心灵；

妈妈想牵着宝，一起俯首在古希腊的神龛前，默然许愿，感受时空静止的神奇；

妈妈想牵着宝，一起伫立于埃及金字塔脚下，褪去双肩上的沙尘，揭开图坦卡蒙的黄金面具。

但，这些都是自作多情的“妈妈想”“妈妈认为”“妈妈觉得”。

到底，对宝而言，什么才是真正对她有意义有价值的旅行呢？

“孩子无大事，教育无小事”，作为一个又是新手又是笨鸟的妈妈，只能翻阅国内外专家的育儿书，逐字逐句拜读。

考格西尔曾说过：“儿童的早期是由自然决定的，但他们的行为的发展必须通过与周围环境不断交流才能实现。”

世界公认的“现代教育之母”蒙台梭利说：“儿童具有‘星云’式的吸收力，从3岁起孩子变得判若两人，生命在3岁的时候似乎又重新开始了。”

蒙台梭利认为：要想让我们看见某个东西，前提是必须把它摆在我们的眼前，并且使我们的注意力集中到这个东西上，换言之，接受刺激印象的内在过程要比其他方式来得更直观，更易于被接纳。

本杰明·斯巴克在《新育儿百科全书》里写道：“大自然可以促进孩子的身心健康，这种关系也会反过来发生作用。如果孩子对自然的热爱得以生根，那么他们就容易成长为自然界的朋友。他们会懂得为什么森林值得人们为之去战斗，为什么我们应该关掉不需要的灯，以及为什么我们要循环利用铝罐。作为父母，可以把这个世界交给孩子，也可以把孩子交给这个世界。”

在浩如烟海的教育丛书中，妈妈想：正如前辈们所言，变化的周围环境能对孩子的脑细胞产生刺激和影响，这点可以通过不一样的旅行来实现；而旅行目的地最好能和孩子的身心发展阶段相匹配。在安全舒适的环境里，孩子的潜能才能得到最大程度的发挥和激活，这就是不同的旅行能给予不同年龄段孩子的最好馈赠。

妈妈要带着宝去旅行。

学龄前的宝，不适合极简主义的旅行，必须确保基本营养和良好睡眠；也不适合很深刻的文化之旅，只能让她在玩耍间感受文明；更不适合太沉重的求知之旅。但是，可以尝试在她尽情领略新奇的同时化有形为无形地逐步了解历史。

在游历了国内的一些城市以后，妈妈想带宝去看看地球的另一边是什么样子，那么就从比较大的国家——美国开始吧。

思虑良久，妈妈为四岁半的宝制定了海岛之旅和想象之旅。和大自然融为一体是孩子的淳朴天性，天造地设的大海本来就是最好的探索课堂和嬉戏乐园；而伴随孩子们成长的迪士尼动画片，从过去焦灼不安守着的黑白电视机，到现在家家户户随时点击的网络视频，丰富了一代又一代人的童年记忆。

当妈妈带着宝自由行走于奥兰多和夏

威夷时猛然发现，其实这样的旅行路线不仅适合幼儿园的孩子，也适合小学和中学的孩子们，甚至还适合那些童心未泯，保留纯真的大人们！

真的，有生之年，一定要带孩子去一次奥兰多的迪士尼乐园。

妈妈去哪儿呢？

要不要带宝去旅行，似乎从来不是一个疑问句，那要不要一个人带宝去美国呢？

独自带宝踏上美利坚，完全是因为一场意外。

在一个平凡而快乐的清晨，我送宝上幼儿园。走到中班门口，正和班主任老师聊起本来计划要去美国，但是宝爸没空，可能就取消计划了。

无意间撇了一眼竖着耳朵在旁听的宝，亮晶晶的双眸里分明是满满的热盼和向往。

那眼神就像一片片化开的雪花飘在妈妈心上，不成形状。

和宝说再见以后，不知道为什么妈妈又不放心地转身回头看了看她，她还站在原地。

小小的身影仍然朝着妈妈的方向望着，眼神依旧那么清澈，

像两湾盈盈的湖水，怯怯地，一直望着妈妈，微微抿着的小嘴，什么也没说。

也许宝是欲言又止，也许宝完全是无意识，可是妈妈知道，美国是宝贝从小在地球仪里看到的一大片国土，是那个有着米老鼠和唐老鸭，白雪公主和七个小矮人的故乡，有维尼熊的蜂蜜罐，高飞的臭鞋子，美人鱼的歌声还有灰姑娘的水晶鞋的神奇地方。

她一定很想去看一看。

人们常说，孩子的委屈只有妈妈才能看见。不仅如此，妈妈还能读懂宝贝眼底里的潜藏故事，发现宝贝不想让别人洞悉的微小心思。

再次转身，独自带宝出发的想法就在心中萌发成长，每下一级台阶妈妈就坚定一次决心。

可是妈妈从来没有去过美国，四岁半的宝最远只去过三亚，即将开始20天左右的美国自由行走，该怎么办？

不想让宝失望的强大念头压倒性地击败了所有的犹豫、担忧、恐惧——这根本是一件非做不可的事情！

妈妈开始没日没夜地做功课，刻不容缓地全面开启DIY攻略研究。因为工作上的时间安排，只剩大概10天左右做所有的预定，妈妈迅速递交了宝的签证材料，没想到她的白本护照，居然秒签而过。

超乎顺利地拿到签证后，妈妈满脑子挤得快要爆炸的想法就是如何安全地带宝出国，再如何平安地带她回家，已经完全没有空间再考虑去还是不去了。

因宝识字不多，妈妈粗略地向她介绍了要去的三个目标城市，并展示了相关的图片，然后，她瞬间就被迪士尼乐园里的各种卡通形象吸引住了。

妈妈还拿着有关银河系的画册和地球模型，向宝解释了什么是“时差”，并未雨绸缪地开始慢慢调整宝的作息。后来发现纯属多此一举，和揠苗助长一样，徒劳无功又没有必要。

宝虽然不会算时差，但是她临近出发前几天就会不时地问：“妈妈，现在是美国睡觉的时间，还是吃早饭的时间？”她能接收到“在北京和美国是用不一样的时间”这个浅浅的概念就好。

而宝每次这样问，妈妈都有点心慌意乱，仿若在踯躅独行的梦游中被人猛拍了一下肩膀。

啊！妈妈是真的要一个人带她去美国吗?

被吓得出一身虚汗后，再次把行程计划拿出来背一遍。妈妈必须把每一条路线和每一个步骤都精准地刻在脑海里，修炼到闭上眼睛就能画出美国地图，不打开记录本也能对每次航班信息倒背如流的境界。

终于明白，为什么女人做了母亲就会成疯成魔，为什么有的母亲在孩子危难时刻可以托举起一辆汽车。妈妈真的相信，那不是神话。

妈妈相信在风雨欲来之时，也能摇身一变成超人，直窜九霄，拼尽全力，拽一朵白云，挡在宝贝的头顶上。

看宝贝乐了，妈妈就笑了。

整个春节假期，妈妈都焦头烂额地搜索各种游记，查询酒店，制定路线；又不敢对宝喋喋不休地交代任何注意事项，生怕把任何一点点紧张或焦虑的感觉传递给她。

每当妈妈自己心里七上八下的时候，就义无反顾地抠住那本救命稻草一样的备忘录，查缺补漏，越翻越厚，最后还把中国驻美国大使馆的电话也记录在册了。

二月下旬，正是美国东部大雪季节，纽约、芝加哥等城市航班大量延误，所以妈妈选择了气候温暖的洛杉矶作为旅行的第一站。

目前国航直飞洛杉矶的航班只有两班，为安全起见，妈妈定了能在当地白天到达的CA987， 在北京时间下午两点起飞，凌晨两点到达的时段里，按照宝平时的生物钟很可能是无法入睡的，那么在飞机上的12个小时怎么办呢?

爸爸有点不放心，对妈妈说：“还是给你们娘俩儿买商务舱的机票吧。”

妈妈想了想，没有同意。

首先当然是从节省的角度考虑，能不花的钱就尽量不花；另外，妈妈也不希望宝从小就觉得坐商务舱是一件天经地义的事情。都说女孩子要富养，但妈妈认为“富养”的含义不是物质上的极奢主义。如果父母把省吃俭用的全部积蓄都留给孩子，那能让她日后奋斗拼搏的原动力在哪里?

妈妈一定会竭尽所能给宝提供最优的教育，但是妈妈绝对不会一辈子为她埋单。

当宝娇弱的身子蜷缩在经济舱狭窄的座椅里时，妈妈不是不心疼，也有那么一秒钟闪过“明明可以从别处省下钱给宝买头舱机票”的愧疚，可是，亲爱的宝，妈妈想让你知道，没有一种真正的自我进阶是来自不劳而获；如果想要拥有任何人也无法夺走的幸福，只能依靠自己脚踏实地努力实现，学会为自己遮风挡雨。

无担忧的快乐自由行

★完全不用担心语言沟通障碍

旅行除了需要考虑吃住游玩的问题，最重要的还有语言沟通问题，那么怎样的英文水平足够应付一场出国旅行呢？英文水平越高，当然是越好，如果是完全英语零基础的妈妈，又想带宝贝进行一场随心所欲的快乐自由行，应该怎么办呢？大可放心，有很多办法，也有很多这样的先例呦！

首先，大部分出国的机票、酒店，甚至部分景点的门票都可以在国内预先付款完成，在机场都有导路及工作人员帮忙。

国内许多旅游BBS上都有详尽的中文攻略，以及相关论坛。可以咨询许多热心的驴友，提前做好功课。

如果预算充足，还可以联系当地华人旅行社，聘请全程中文导游跟随，也可以在BBS上联系当地勤工俭学的留学生来帮忙呦。

最后一点，中国人无处不在，在国外一定会看到亲切的中文招牌和同胞旅人呦！而且，在热门的购物地点，都有华人导购，甚至有说着流利中文的外国工作人员，祖国好强大！

★和宝贝一起来选择目的地★

事先征求宝贝的意见，妈妈可以在网上搜集图片、信息、攻略；对比各种资料之后，再结合具体情况，拟定备选方案，给宝贝做一个小小的介绍，让宝贝来拿主意，这样，宝贝会对即将展开的旅行有期待感！

★妈妈的爱心备忘录★

妈妈的备忘录很有必要呦，要记得随时补充梳理，不然头绪杂乱时，特别容易忘记重要的事情，自乱阵脚。也可以给宝贝准备一本，用来记录沿途的随感随想，这将会是很有珍藏意义的旅行日志呦！

★宝贝的签证办理★

① 美国大使馆签证信息网址：http://chinese.usembassy-china.org.cn/visas.html

② 儿童签证信息网址：http://www.ustraveldocs.com/cn_zh/cn-svc-visachild.asp

※美国大使馆规定14岁以下儿童不需面签，但现场发现也有不少父母带宝贝一同签证，而且可以优先办理，不用排队等候。

旅行百宝箱

爸爸妈妈一定要准备的必备品

漫游天下三宝——护照、信用卡、少量现金。

其他行李万一都丢了，还能凭着这三宝神勇回家。三宝要放在专门的随身小包或袋中，推荐好用的斜跨包，置于身前很安全，妈妈还可以空出双手，牵着或抱着心爱的宝贝。

妈妈的备忘录

A. 计划该次旅行的总预算；

B. 标明总体旅行路线、途径地点、总时长；

C. 查询每段行程的机票、酒店信息，预定性价比高的产品；

D. 落实每段行程中，除了飞机之外的交通工具，和接送人名字与联络方式；

E. 查询旅行目的地的天气预报、准备携带衣物；

F. 记录各种紧急联系电话、中国大使馆电话等。

妈妈的日记本——也可以附在备忘录之后。

★以旅行时间为日历，分别列明每一天的具体行程内容，可能的天气情况（下雨天就让宝贝画上小雨点和小雨伞），预计穿戴的衣物，当天入住的酒店等等。

★如当天安排是搭乘飞机，就列明航班号、起降时间，接送机联络信息，酒店叫醒服务，标好相关注意事项；

★如当天行程是景点游玩，就标明想带宝贝体验的重点项目、往返路线、交通时刻表、关门时间，有无推荐的餐厅或商店等；

药品

★为防止突发情况，在异国他乡临时买药不便，一些药品，如退热贴、感冒药、温度计、腹泻药品、消毒酒精、纱布、棉签、藿香正气水、创可贴、防蚊贴、虎标油等要提前准备，有备无患哟。

★一般在药房买的非处方常规药品，在正常数量范围内，都可在国际航班上携带。

★★最最重要的还是在旅途中随时关注天气情况，照顾好宝贝，及时增减衣服，多喝温水，保证睡眠，药品就完全用不上啦！

03 各种收纳袋

可以选择外形大小不同的收纳袋，分门别类地放洗漱用品、日常用品、药品、食品、护肤品、儿童用品、玩具、文具、电子产品及数据线等，最好全部是旅行套装，一目了然，定位自如！

各种收纳袋超级好用，又轻便，可以用来分装来不及清洗的脏衣服，大小拖鞋，宝贝没吃完的零食，开封的小香皂，诸如此类。

04 亲子装

单列出亲子装，是因为书中的宝贝最喜欢和妈妈穿得一模一样啦。其实在旅行中穿亲子装，除了很有爱和臭美以外，在人群中还很好寻找彼此有没有？当然，主要还是穿着亲子装的妈妈和宝贝，都会感觉很幸福。

为宝贝着想的必备品

01 儿童推车

建议选用可折叠的，易收可托运，不要太重。在美国沃尔玛超市购买价格为19.99美金。

02 儿童U形枕

因为儿童车和婴儿车的功能不一样，当宝贝睡着以后，儿童车没法放倒置平，让妈妈一边推着睡宝，一边行走哇。如果有一个可以固定在车把上的舒软绑带，就能托着宝贝的下巴，防止晃头或摔跤，妈妈只要稍微把儿童车往后仰一些推就可以啦。

其实心灵手巧的妈妈也可以根据宝贝的肩宽和儿童车的尺寸，自己缝制爱心绑带呦！

03 儿童行李箱

宝贝要有属于自己的旅行箱，告诉宝贝只能放最重要的东西，并且大部分时候是要自己提——所以不能太大，也不能太小。试试放手让宝贝独立准备行李，一定有意想不到的惊喜!

04 儿童眼罩

也是宝贝睡着时可以用到的哦（有的宝贝可能不习惯带）！在整个旅途，用心呵护宝贝的睡眠，是妈妈的重要任务呀!

05 随身小书包

每天让宝贝自己挑选好水果和小零食，装在小书包里。

另外再准备一份画笔和纸，可以在空闲时间，或用餐前和临睡前，让宝贝即兴自由涂鸦，这都会成为以后珍贵的纪念册。

06 鞋子和鞋套

旅途中舒适合脚的鞋子对妈妈和宝贝来说都太重要啦。如遇雨天，请给宝贝准备一双鞋套，省去了另带一双雨鞋的麻烦。

07 小手工盒

有次带宝贝搭乘国内航班时，收到空姐赠送的小拼图一份，宝贝玩得特别开心。在那次旅行“预演”之后，受到启发的妈妈就给宝贝准备了一个小手工盒，可以放折纸、串珠等宝贝喜欢的小玩具，在旅途中边玩边度过飞行时间呦。

The First Stop Los Angeles

洛杉矶

为你，我愿一切从头

聚散悲欢伤春秋

只要你微微笑

世上最美的问候

成败纷乱上心头

因为你柔柔的手

怎样的未来

都能抵挡，勇敢承受

第一次长途飞行

终于，在爷爷奶奶和姥姥姥爷的千叮咛万嘱咐中，出发的这一天比想象中还快地到来了。

四个老人既担心宝会晕机，又担心宝可能睡不着，事先准备好需要用到的生姜、胶布和塑料袋，还在随身携带的小书包里塞满了她喜欢的零食和图书。

哟嗬！出发了！

已经过拼命简化的行李还是包括：一个大型号的箱子，全程托运；随身携带的一个双肩包，放着宝的各种必需品；宝的小行李箱和小书包；妈妈还有一个斜肩长挎包放护照、信用卡和钱。

告别了家人，过了安检，从这一脚迈过警戒线开始，已是开弓没有回头箭，就只剩下妈妈和宝两个人，大手牵小手，大眼瞪小眼了！

妈妈忐忑不安地偷偷看了一眼宝，初次出

国的她，完全看不出有任何异样，这次对她来说就只是一次普通的旅行。宝的泰然自若像是给妈妈吃了一颗强效定心丸，之前的种种担忧顷刻间瓦解了，取而代之的是微微的兴奋与期待。

妈妈真的要带着宝开启一次美好的旅行了！

登机后，放置好行李，看着宝很娴熟地系好安全带。

“妈妈要休息一下，你自己玩会儿，有事就喊妈妈。”因为连续的劳累，妈妈实在是太困了。

“好的，妈妈，你睡吧，有事儿我会喊空姐阿姨。”宝雄霸一张座椅，打开遮光板，往外张望。

宝的提议真不错，在封闭的机舱里，妈妈不需要寸步不离地盯着她，空姐也能帮忙照顾孩子，而一旦飞机落地，妈妈就一刻也不敢放松警惕了。

想到这里，妈妈就安心地闭上了眼睛。在迷迷糊糊之间，听到宝喊空姐：“阿姨，我想要一杯橙汁，谢谢。”

虽然其间醒过几次来，但是妈妈在飞机上还是得到了充分的休息，而每次睁眼，都能看到一个精力充沛，耍出新高度的宝：

托着腮欣赏着窗外三万英尺的景色（一直是白天）；仔细阅读安全须知上的图画；美美地就着橙汁吃着小书包里的零食；不知道什么时候自己戴上了耳机，在摇头晃脑地听空中音乐；座椅后背上的电视屏幕被打开了，放着《开心超人》的动画片，笑得花枝乱颤；摁亮机舱顶的灯光按钮，哗里啪啦地翻着对她而言完全是天书的杂志……

总之，全程没有看出她有任何的不适应，反而很享受。

到了广播说还有两个小时就到达洛杉矶时，已是北京时间的深夜，宝终于玩消停了，睡着了！

妈妈尽量靠边坐，让宝枕在妈妈腿上，在并排的三个椅子上，让她的身体舒张开，并为她盖上了毛毯。

接下来的两个小时内，妈妈干瞪着眼睛，脑子里一遍遍地刷着记事本里的详尽信息，好似一串串的破译密码在眼前晃来晃去。这些信息让妈妈的脑子都有点发涨了。

飞机点头一震，平安落地，徐徐往前滑行，窗外的停机坪和钢

筋水泥的楼房，一切都那么直观而具体，妈妈彻底清醒过来，这真的不是一场梦！

等待飞机停稳，舱门打开，乘客一个一个都陆续下了飞机。妈妈背上了所有的包，轻轻抱起熟睡中的宝，大步流星地走了出去。

走到半途，宝突然睁开迷离的眼睛，先揉一揉，再眨啊眨地上下左右转了一圈，然后镇定地盯着妈妈：“妈妈，到美国了吗？”

妈妈赶紧把她放下，已经发麻得失去知觉的胳膊好像又变粗壮了不少：“到了，宝贝，这里就是美国。”

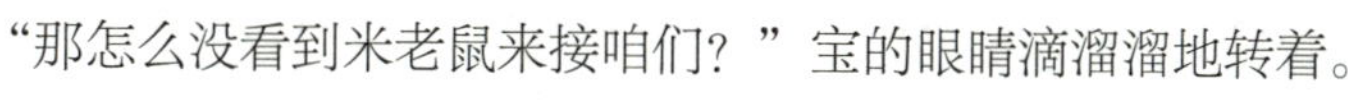

“那怎么没看到米老鼠来接咱们？”宝的眼睛滴溜溜地转着。

妈妈一边解释一边牵着宝继续往行李提取处走去。

到了一个完全英文环境的国家，一下子见到这么多外国人，宝东张西望，非常新奇，完全没有了睡意。

“妈妈，好多好多美国人啊！”

“妈妈，我看到了一个黑人叔叔，他的头发好像一根根大麻花儿！那是怎么扎的呀？你可以帮我扎成那样吗？”

“妈妈，那个小哥哥刚才冲着我说——尼浩！太逗了！”

“妈妈，保安叔叔怎么跑到机场来遛狗呀？”

突然，宝扯着妈妈的衣角，急声短促地呼叫：“妈妈！妈妈！妈妈！”

妈妈蹲下来看着她：“怎么啦？”

“妈妈，那有一个黑人。”宝压着声音在妈妈耳边私语。

“就像世界上有不同的植物一样呀，蒲公英、风信子、凤尾竹，人类也分成不同的人种呀，咱们中国人是黄种人，美国人分成白种人和黑种人。”妈妈一边回答，一边把护照递给工作人员。

“妈妈，什么是凤尾竹？”宝追问着，她关心的方向马上拐弯了。

哦，天哪！妈妈忘记了宝没见过凤尾竹。

“是竹子的一种，竹叶岔开了，像凤凰的尾巴。”

“妈妈，什么是凤凰？”宝的思路又变道了！

好吧，妈妈认为兴奋起来的宝贝是不可能再睡得着了。

随着指示牌，妈妈找到了机场提供的推车，要投币5美金，看来传言不假，美国政府确实是想尽一切办法来节省昂贵的人工。

妈妈牵着像复读机一样播报各种问题的宝，找到了传送带上的托运箱子，使劲把它们拖到了推车上面，再把宝抱起来坐在箱子上。

“妈妈要点名了，推车上的小家伙都准备开始报数！箱子——到！书包——到！宝贝——？”

“到！”宝伸直了手臂，高高地举起手来。

稳稳地推着行李和孩子，走出洛杉矶国际机场，妈妈和宝，真的站在了加州温煦的万丈阳光里。

安全落地，拍照留念！宝贝，看镜头啊！

我摸过的海水会流到中国吗？

位于美国西海岸的洛杉矶，被誉为“天使之城”，这个1871年由西班牙远征队建立的小镇，如今发展成了仅次于纽约的全美第二大城市。

这是妈妈和宝落脚的首站，不想初到异国他乡太过慌乱，也因为洛杉矶城市虽大，地铁和公共交通却并不发达，妈妈一个人带着宝，如果租车的话，没有办法很好地兼顾驾驶和照顾会晕车的她。所以，仅在此停留的三天，妈妈定了一家当地旅行社的接送机和包车服务，以及代买儿童推车。

因为年幼的宝还不能真正看懂莫奈流光溢彩的《睡莲》，不能发自内心地赞叹梵高光芒四射的《向日葵》，不能由衷地欣赏不拘一格的野兽派马蒂斯，所以妈妈舍弃了著名的盖绨博物馆，带她前往风光迤逦的Santa Monica海滩。

似曾相识的Santa Monica是许多好莱坞大片的取景地，平时也是游人如织。

“宝贝，这就是太平洋。”妈妈和宝走过沙滩栈道，惬意的海风把我们的头发吹得有点零乱，时不时要把它们拨开，才不会挡住视线，根本没有想象中的飘逸和浪漫。

“妈妈，我想摸一下太平洋。”宝张开跃跃欲试的小手，她天真的表情，让妈妈觉得此情此景就在这句话之后，变得诗情画意起来。

宝深一脚浅一脚地踩过沙滩，靠近浅浅吟唱的海浪，弯下身子，用手指轻柔地抚在海面上，转身一笑：

“妈妈，太平洋和三亚的海水一样！”

“哦？是吧？太平洋是世界上最大的海洋，这边是美国，那边是中国。”

“妈妈，那我刚才摸过的海水，会不会流到中国去？”宝明亮的双眼带着潮涌的期许。

妈妈，那我刚才摸过的海水，会不会流到中国去？

这里就是鼎鼎有名的好莱坞中国剧院了。

玛丽莲娜·梦露，指着什么呢？

“有可能呦。”

“海水，拜拜！”阳光熠熠的海水在宝的指缝间无影无踪。

从海滩出来，时间尚早，途径豪宅林立、名车云集的比福利山庄，到达闻名遐迩的好莱坞。

著名的星光大道上记载着曾经在电影、电视、广播、录音等领域卓有成就的两千余位名人。沿途都是在电影大片里扮演各种角色的不知名演员，或派发传单，或现场表演。

妈妈牵着宝向这些怀揣梦想的人们挥挥手说：“I support you（我支持你）!”“妈妈，为什么我们要支持这些叔叔阿姨？”

“因为她们都是很勇敢的人呀！”

“妈妈，我比他们还勇……”宝有点儿不服气，“敢”字还没说出来，就开始呵欠连天，昏昏欲睡，同样神色疲倦的妈妈扛起她在红地毯拍了一张纪念照，就匆匆回了酒店。没想到妈妈刚气喘吁吁地把宝放在床上，宝却活泛起来，和刚刚二十分钟前判若两人，香香地吃着打包回来的中餐海鲜自助，还拷贝刚才街头艺人的表演。

妈妈收拾好她的衣服，走进洗手间才发现，老美的淋浴喷头高高挂着，取不下来，调整了半天，水花冲下来的弧度不仅会把宝的头发打湿，而且以宝的身高不仅不可能洗干净，还可能会被浇得呱呱乱叫。

那怎么办呢？

妈妈看了一眼正在学跳太空舞，扭来扭去的宝，如果告诉她实情，不就刚好有借口不洗澡了吗？

“宝贝，你想玩猴子捞月的游戏吗？”

“咦？想啊想啊！”萌萌的宝像机器人一样舞着，一步步走进陷阱。

于是妈妈三下五除二把她扒光了，斜捧着她，在花洒下面移来移去，过一会儿再往上抛她一下，接住，再抛一下，又接住，每当抛到高处，宝就抽筋一样地大笑着张开双臂做出要捞月的样子。洗好一面，妈妈再把宝像烧饼一样翻过来，把后背冲刷一遍。

显然，宝在洗后背时的身体自由度太受限制了。

“妈妈，这样就不是猴子捞月，这是小狗啃泥！”宝严词抗议。

终于洗完了，妈妈也快没力气了，用浴巾把她一卷，宝就像条毛毛虫斜在床上。

“宝贝，自己穿衣服。”妈妈大口地喘着气。虽然总告诫自己，千万不要做一个咆哮的母狮子妈妈，也不要在宝挑战极限时，做一个张牙舞爪，恨不得把宝重新塞进肚子里，再里三层外三层缝起来的怪物妈妈，可是妈妈也真不想像现在这样变成一只落汤鸡妈妈。

妈妈擦擦手，没有勇气照镜子，转头一看，洗得香喷喷的宝舒坦地靠在床边，跷着小二郎腿在看《小乌龟富兰克林》，妈妈顿时觉得自己是那只掉进一池桃花潭水的落汤鸡。

夜幕降临的洛杉矶，带着凉凉的秋意，看到温软的大床和香暖的被子，排山倒海的困意就席卷而来。妈妈把又在“摸爬滚打”的宝按下卧倒，在这个特别的日子里，妈妈必须采访一下她有何感想。

“宝贝，第一次出国，有什么感觉吗？”妈妈期待地看着宝。

“没有啊，像在家里一样呀。”宝神色不变。

“啊？是吗？没有一点点不一样吗？”妈妈有点不甘心。

“没有呀，妈妈在，都一样。”宝把小脑袋凑了过来。

“宝贝是说，不论天涯海角，只要妈妈在就好，对不对？”妈妈的一颗心跳起了圆舞曲，就像喝了蜂蜜一样。

“妈妈，什么叫天涯海角？”宝的眼睛陡然放光，一副要开始促膝长谈的架势。

“今天好累，明天再细说，宝贝和太平洋说晚安。”妈妈的眼皮就是用牙签支着也快要睁不开了。

“晚安，太平洋。晚安，妈妈。”

晚安，宝贝。

安静的洛杉矶的夜。

第一夜的小总结

1. 宝贝倒时差的能力比妈妈厉害得多呦！

2. 前两天宝贝会睡得比较早一些，晚上尽量不要安排行程，其实妈妈通常比宝贝还累，所以也要注意休息呦！

3. 洛杉矶酒店在http://www.booking.com/ 或国内旅游网站都可预订，建议避开治安较乱的DOWNTOWN区域。

4. 美国大部分酒店都有免费WIFI，但因为版权问题，国内大部分网站的动画片都在线播放不了呦，需要提前下载到电脑里给宝贝看，酒店房间的电视也都有全英文动画片，只是播出时间未知。不过，最好是什么都不看啦，宝贝爱护眼睛，从小做起！

5. 鉴于书中提到的为宝贝淋浴的难度，如果大一些的宝贝已经无法采用“猴子捞月”的洗法，那就准备一顶儿童洗头帽吧，不要忘记在浴缸内放好防滑垫呦！

时尚初体验

概括一下常挂在嘴边的生女儿好处集锦：女儿心细；女儿是妈妈的贴心小棉袄；女儿将来可以陪妈妈逛街，打扮得美美的，然后婀娜多姿地走过，回头的路人还以为是两姐妹呢！

不想眼巴巴地苦苦等着宝长大的妈妈，现在就想带着她一起去shopping！

记得小时候，长辈们总是说：女孩子不要注重外表，好好读书最重要。成天两耳不问窗外事，一心只读圣贤书的妈妈，潜意识里总是觉得“打扮”是一件不务正业的事情。

虽然今时今日，妈妈依然认为朴素整洁的衣服，仔细清洗的鞋子，不施脂粉的干干净净的脸，是真的很美，可是“女孩子不要注重外表”这样的观点，是真的很坑孩子好不好？

带上墨镜，就是酷！

为了不让宝重蹈妈妈的覆辙，自打宝上幼儿园后，妈妈每天都会把衣服先搭配好，一套一套地叠在衣柜里，让她自己选择当天要穿的衣服，虽然在某些迷茫的日子里，她会执拗地坚持自己啼笑皆非的搭配，并自信爆棚地大摇大摆出门，拦都拦不住。

唉，谁没有又愣又傻地青春过呢？

妈妈还会在事先锁定好的商店里，让宝挑选自己的衣服，尽管也曾经发生过差点控制不了的局面。比如——

某次换季，她大手笔地买了三件小短袖，回到家以后，无厘头地高声宣布："这三件全部都要作为睡衣，只能在家里穿！"之后她确实像一头小倔驴，每天穿着原来的旧衣服，无论如何也不穿那三件"睡衣"出门，直到第二年，这三件"家居服"也变旧了。

唉，谁又没有年少轻狂的时候呢？

每隔一段时间，妈妈还会带她去买小发夹。即使每一次妈妈都和她事先约定好只能挑一个。但无一例外的，妈妈都会领教宝自成一派的购物逻辑。她总是带着可怜兮兮的神情，这样说——

"妈妈，我自己的挑好了，可是我还想给幼儿园的同学们也买一个，行吗？"

"妈妈，我还想给小区的朋友们也都买一个，可不可以哇？"

"妈妈，我想给你也买一个，给爸爸也买一个啦。"

唉，哪个妈妈，没有经历过和自家娃斗智斗勇的时刻呢？

纵然有以上的种种不可预见的情况发生，妈妈还是喜欢带着宝

去shopping。

因为妈妈始终认为，女孩子的内心和外表一样重要。妈妈多么希望能帮助宝，让她从小一直美到老。

每天刷牙除了能赶走蛀虫，还为了让宝有一个清爽的笑容；每天洗脸除了能抹去眼屎，还为了让宝有一张明亮的面庞；每天运动除了能保持健康，还为了让宝有一个挺直的身板。

漂亮衣服是女孩子一生的朋友。每天花一点点时间，搭配衣服，然后高高兴兴、漂漂亮亮地上学，悦人悦己，是一种优秀的习惯。

而妈妈所理解的"富养"的女子，不是要住宫殿别墅，不是要坐香车宝马，不是需要一件件华丽的衣物，一双双昂贵的鞋子，但却能拥有永不随波逐流的思想，在纷乱的尘世间保留一颗纯真的心灵。

是年幼时，小辫子上轻轻舞动的蝴蝶结，带着肥皂清香的白色袜子，削得齐刷刷的铅

笔，一笔一划的娟秀字迹；

是长大后，合身飘逸的碎花裙，蓬松吹起的晶莹发丝，光洁饱满的额头，十指葱葱的白润如玉，出口成章的一词一句；

是在承受困难之后也没有历尽沧桑的脸，是在无数灰心失意中也不忘记理想的倔强眼神；

是在忙碌的日子里也不被淹没的浪漫情怀，在庸常的角落里也有默一句“云想衣裳花想容”的心境。

宝贝，愿你永远美丽！

耐克鞋上的勾

今天的行程就是到美国西部最大的奥特莱斯购物，Cabazon Outlets距离洛杉矶市区大概有一小时的车程。

出发前，妈妈给宝贝布置了采买任务：给爷爷奶奶姥姥姥爷各买一双耐克鞋，给爸爸挑一件衬衫，给宝自己买夏天的裙子和短袖，最后帮助妈妈挑一个包。

“妈妈，为什么要给大家带礼物？”宝做着鬼脸，不解地问。

“这样，爷爷奶奶和姥姥姥爷还有爸爸，就知道宝贝在美国，心里也想着他们呀，他们就会非常高兴。”

“为什么他们就会非常高兴？”宝又撖撖自己屈指可数的几根刘海，瞅着妈妈。

“因为他们就知道宝贝爱他们。”

“为什么知道我爱他们，他们就会高兴？”宝又把一只小手插进口袋里，隆起一个大布包，袋里的小手就像带上了拳套，不安分地动着，另一只手在外面接应着，她什么都能用来玩耍。

“因为他们非常爱宝贝，如果宝贝也爱他们，他们当然就很高兴呀！”

“妈妈，那我选上的东西，你一定会买吗？”在像绕口令一样的一问一答中，宝突然抛出了一个重量级的问题。

妈妈的脑子里迅速闪过了她提着购物篮，随意划拉的景象，那必将是本年度妈妈所能想象出来的最恐怖场面！

“这样，宝贝负责先挑，然后妈妈在你选好的范围里，再挑一次，可以吗？”感谢宝及时提醒了妈妈，虽然纯真的她完全被蒙在鼓里。

“可以，不能挑太多，不然行李会超重。”看来宝记住了上次的对话。

看起来好沉，拖不动啊！

虽然是约法三章了，妈妈心里依然七上八下。这次的情况毕竟和之前在国内圈好的小范围商店不同，又在那里低头玩弄自己纽扣的宝真能顺利地完成任务吗？

这家奥特莱斯是典型的美式风格，走道两边有连着的一家家矮平层的品牌店，大门边立着一个蓝色的大标牌：“Kiddie Kruzzer Korral”。5美金可以不限时租一个汽车外形的儿童推车，附带一个超大网兜外挂，正好用来放购买的货品，一举两得。

以妈妈对宝知根知底的了解，如果没

有好玩的东西在前方召唤，她是绝对、肯定、必然不会愿意长时间步行的，弱暴的妈妈也没有能耐一边抱着她一边购物，所以特别爽快地抽出了5美金。

等一下，老美是真的很喜欢“5”这个数字吗？

宝喜滋滋地挑了一辆黄色小车，然后翘着兰花小指，抽出一块湿纸巾，一抖，摊平于车座上，然后苦大仇深地拍下去，像磨盘一样，顺时针旋转着擦车，妈妈不忍直视又不想事事包办，再说也没有哪个国家的法典明文列举过擦车的规范动作啊。

准备好了吗？出发！

眼看白晃晃的湿巾就快被揉搓成皱巴巴的抹布，妈妈不忍心看下去了，就走到旁边的顾客服务中心处领了两份地图和couple本。

出来以后，敬业的宝已经擦完车了：“妈妈，怎么还不开始玩找宝藏的游戏呀？我都着急啦！”

“哦哦哦，宝贝帮忙在地图上找这家店。”妈妈看着入戏很深的宝，赶紧指了一个打折力度较大的商店。

宝一手接过地图，另一只手很自然地把那团抹布塞进妈妈的手里：“妈妈，别扔啊，我还要带回家呢。”

宝认的中文字不多，但她认识26个字母，那就能找出全由字母拼写的所有英文单词，也足以胜任找到每一家商店的工作。

虽然，她找得比较慢。

宝一个一个地核对字母，有时还出错，还要再重新来过，定位商场名字以后，再到地图下方的列表里，圈出商场对应的编号，最后回到地图上方找编号对应的商场位置。

“妈妈，我找到啦！这家商店在这里！”大呼小叫的宝，雀跃得就像进了球的马来多纳。

“哇，宝贝真厉害，那咱们应该往哪里走？This way or that way？（这条路还是那条）”

“让我想想。”

宝在原地转来转去，想了好一会儿，这张地图对她来说确实有点难，因为这个大mall没有突出的标志性建筑，两边商场除了面积

方块不一样外，看不出太多的区别。

“妈妈，我不知道。”宝有点气馁。

“没关系，是不太好找，妈妈也研究一下。”

妈妈拿出couple本翻了翻，里面包含了全部商家的打折信息，有一些是买就打折，有一些需要购买到一定金额才有百分之十的折扣。过滤掉无用的，把准备去的那几家叠好。

这次，妈妈让宝搜索的是我们所处位置的斜对面一家店，招牌很醒目。

宝当然很快就找到了，坐在小汽车里的她，像个高级指挥官，志在必得地振臂一挥，气定神闲地指着前方，雄赳赳气昂昂地开进去了。

我们就这样接着走了第二家、第三家，宝一边寻路探宝，一边坐在专车里又吃又喝。到了商店，就下车陪妈妈一起挑选商品，不论妈妈试穿什么，都谄媚点赞：“哇塞，好美呀！”

如果店里有她喜欢的音乐，她还会在大镜子面前自娱自乐地手舞足蹈起来。

到了Nike店，要挑四双鞋子。

宝利索下车，像一名职业买家，双手背在身后，踱着方步，走过每一条货架，像模像样地抽出鞋子仔细地查看。

“妈妈，为什么每双鞋子上都有一个勾呢？”宝的语气就像发现了新大陆。

“那是耐克的logo。”谢天谢地！这个问题，妈妈早有准备。

“什么叫logo？”宝的常规问法完全在妈妈的意料之中。

“就是代表每个品牌的标志，和其他牌子区别开来，比如迪士尼的logo就是米老鼠，iPhone手机的logo就是一个咬了一口的苹果，对吧？”

“那为什么要用这个logo？”

“这个说起来要好半天哦，宝贝想知道吗？”哈！宝中了妈妈的埋伏，妈妈得意极了。

“想！”目前妈妈就还没发现有宝不想知道的事情。

“耐克是卖运动品的对不对，卖运动鞋呀，运动衣呀什么的，好久以前，耐克公司设计logo的叔叔阿姨呢，就在全世界找胜利女神的雕像……”

“什么是胜利女神？”

被打断的妈妈愣了一下，开始绞尽脑汁：“就是神话故事里代表会取得胜利的女神，在体育比赛中，胜利女神会带来好运气。他们在法国卢浮宫找到一个雕像，可惜那个雕像有残缺，不合适。”

“为什么会有残缺？”宝继续穷追猛问。

“嗯，因为时间太久远了，可能是被暴风吹的，可能是被其他东西压坏的，妈妈也不知道。再后来呢，他们找到了土耳其的以弗所，那里有个很完整的雕像……”

“那这两个雕像，是什么时候造出来的？哪个在前？哪个在后？”三个问题又横空出世！

“呃，这个，妈妈不知道，回头妈妈查一下资料好吗？”妈妈的圈套就这样被宝稀奇古怪的问题攻破了。

“好。”

“土耳其的胜利女神呢，手拿一个桂冠，就是冠军带的小帽子，她飞动身体，浮雕上面有一个大勾的形状，这些勾就是从那里来的。”

“妈妈，可是我还是想知道，是谁做的雕像？什么时候做的？为什么要做这些雕像？”宝紧锣密鼓地追问，真是刀光剑影，咄咄逼人啊。

本来想说：“妈妈去过土耳其，所以就知道呀，宝贝多旅行就能长知识。”但快招架不住的妈妈还是把这句浅薄的话咽进了肚子里。

那天在奥特莱斯，妈妈和宝挑选了中意的商品，满载而归。在宝睡着以后，妈妈上网查找了胜利女神的资料：

“大约在公元前190年，为纪念塞浦路斯海战的胜利，罗德岛的雕塑家创作了胜利女神像（作者已无从考证）。现保存在法国卢浮宫，与米洛斯的雕塑《维纳斯》和达芬奇的名画《蒙娜丽莎》并称为镇宫‘三宝’。”

“土耳其以弗所的胜利女神浮雕，至今没有找到准确的创作时间和关于作者的记录。”

这就是胜利女神的雕像。

★妈妈的爱心提示★

1. Cabazon Outlets 是美国西部最大的奥特莱斯，距离洛杉矶市区大约两小时车程，货品相对齐全，物价也比美国东部便宜一些，还在积极扩建当中，生意超兴隆的呀！

2. Kiddie Kruzzer Korral的儿童推车着实方便，不然宝贝们逛一会儿就该不耐烦啦。宝贝坐在“小汽车”里又吃又玩，那么妈妈的购物战线可以拉长得不仅仅是一点点哟！

3. 奥特莱斯里有餐饮，其中Panda Express（熊猫快餐店）是中式快餐，在全美有两千多家连锁店，份量很足，妈妈和宝两个人点一份就够啦，味道嘛，在国外中餐里就算中上了。

4. 半年之后宝贝升入大班，在选购铅笔盒与书包时，她都会煞有介事地比较商品的外观和功能，分析得头头是道，她的手势、表情甚至背影，都让妈妈想起了在奥特莱斯的那一天。

The Second Stop San Diego 圣地亚哥

世间万物都变得妙不可言

自从你成为我生命的一部分

一切风景都变得那么酷炫

当你存在于我最温暖的梦想

每一天，每一天，都变得如此美好

只要我们永远在一起

为了乐高，晕车也不怕

宝两岁多时，爸爸曾经给她买过一大盒乐高积木，那是宝最喜欢的玩具之一。

宝发烧生病不能出门时，妈妈也是陪着她把配图里所有的小屋子都拆搭好几遍，把作品一字排开，哇，很像宝进军了儿童房地产业一样超级有成就感。

后来，宝就自己阅读说明书，用小手指数着有几个小凸起，再去大盒子像炒菜垫勺儿一样翻来翻去，找出需要的积木，独立完成每一个袖珍的构造，有些太微小的联结处，她摁得有点儿费劲的时候，陪伴在侧的妈妈就会帮一下忙。

看她摆弄得很投入，妈妈就告诉她，乐高和其他积木不太一样，世界上还有一种职业是乐高搭建师呢，别看它们这么小，却能搭建出各种千变万化的造型，甚至平地而起一座mini（袖珍）城池。

宝总是歪着头将信将疑地问："真的吗？真的吗？"

今天妈妈就要带宝去圣地亚哥乐高主题乐园(San Diego Legoland California)! 宝贝，乐高世界欢迎你，一切都是真的！

从洛杉矶出发到圣地亚哥，需要2个小时的车程。这对会晕车的宝来说，是一个不小的挑战。妈妈也直犯怵，可是晕车不灭，何以走天下！

妈妈自己的切身体会就是“多吐几次就好了”。记得小时候因为晕车，几乎不去任何需要坐长途车的地方，长大以后，在几次崎岖的山路上吐得肝肠寸断，上气不接下气之后，晕车的毛病也确实彻彻底底地好了。

晕车会限制一个人的活动半径，没有其他更好的办法，妈妈只能让宝去经历这个痛苦的阶段，才能克服它，扫清行万里路的障碍。

从洛杉矶到圣地亚哥要走5号高速公路，沿途能看见不少巨无霸一样的卡车和货车，就像美国超市里所有的食品都有家庭装一样，这些外形酷炫的汽车也有着翻倍的体积，堪比电影里那些威武时尚的变形金刚。一路无心照相，妈妈揪心地盯着宝，手里拽着一个随时要撑开的塑料袋，旁边放着一大盒纸巾，心神不宁地密切关注她的反映，她一吞口水或者咳嗽，妈妈的心就提到了嗓子眼。

妈妈，晕车，无心看风景呀。

果不其然，大致行驶到三分之一路程时，宝就呕吐了，靠边停在一个加油站，妈妈抱她下车休息，给她喝了点温水。

宝很安静，一言不发，看着她难受的样子，妈妈真是万箭穿心。

“宝贝，很多好玩的地方都需要坐车，如果不坐车，就到不了好玩的地方了。”妈妈一字一顿地说得很慢，生怕语速快了，会是当下弱不禁风的宝不能承受之重。

宝仍沉默是金，平静似水的脸上也无风雨也无晴，却很认真地侧耳倾听。

“宝贝，再坚持一下，不舒服的时候，就告诉妈妈，我们就休息一下，然后再出发好不好？”妈妈真恨不得能代替宝受苦。

宝默然不语，平静地看着地面，但过了一会儿，就乖乖跟着妈妈上车了。

晕车，可真够难受的。

以前妈妈担心宝会呕吐，总是紧张兮兮地提前开始部署，首先早早地吃饭，让她有足够的时间消食，再刻意选择她睡午觉的时段来度过车上的旅途，因为只要她睡着了就不犯晕。但这次美国之行，行程安排上无法次次迁就，另外妈妈也希望趁这个机会能让她彻底甩掉这个包袱。

之后一路，妈妈都悬着一颗心，密切地观察她，宝一路沉默，在高速路上间或有一辆“变形金刚”超有气场地压过的时候，她会微微转头看一看，其余时间就是沉静地坐着。

妈妈想宝的小小身体正在经历一场谁也代替不了的考验。妈妈能做的就是握着她的手，翻山越岭，陪伴左右。

当道路两旁陆续不断地出现各种乐高卡通造型时，宝的两只大眼睛明显有神起来。她追看风景的视线光波只是多了一些频率，却推开了妈妈心上的千斤顶，松了一大口气：终于快到了！

当宝终于站在乐高主题公园的门口，看着那些她时常攥在手上玩耍的小型积木被放大了无数倍，组合搭建成现实生活中宏伟的城门时，她炯炯有神的眼睛痴痴地凝望着这难以置信的一切。

你看起来，好像擎天柱啊！

妈妈，你看！乐高做的城门！

“妈妈，我还以为是在一个大大的房间里搭乐高呢。”宝惊异非常、如获至宝的样子，已经看不出来刚才被晕车折磨的无精打采。

妈妈那颗无处安放的心，总算暂时落了下来。

只是，那个时候的妈妈和宝都还全然不知，那天在回洛杉矶的路上，宝累得睡着了，所以她一点也没有晕车。

而且，从那以后一直到回到北京的家中，在清亮的灯下，妈妈以文字做丝，想要记录并珍藏起带宝旅行的所有日子的现在，她都再也没有晕过车。

妈妈，快来，这就是咱们要住的乐高酒店吗？

★妈妈的爱心提示★

1. 会晕车的宝贝确实很让妈妈们头疼，简直就像捧着一颗定时炸弹有没有？保持车内空气流动畅通，在急转弯、急刹车、顿停、踩离合的时候一定要脚下留情呀！

2. 准备好垃圾袋，万一宝贝晕吐在车上，要赔付昂贵的洗车费用，最最便宜的洗车行都得索要100美金，这是书中妈妈肉痛的教训呀！

3. 宝贝一定要坐安全座椅！不同的州规定略有不同，加州规定8岁以下儿童或身高4 feet 9 inches（一米四五左右）以下必须用儿童加高座椅，否则就是违法啦。虽然在高速上并不是一定会运气一级棒，像中了六合彩一样遇到美国警察，但是一旦被警察抓到现行的话，就麻烦大啦，而且对宝贝也是反面教材！

4. 美国的高速公路大多平坦宽阔，租车的妈妈们不用担心路况，但是也不要开得太猛，总之，千万不要超速驾驶！

5. 美国各州法律都不一样，国内有效驾照可以在美国大部分州内短期合法驾车，另外，租车时请一定要购买保险！

6. 如果家有晕车的宝贝，请坚定不移地陪伴他（她），照顾他（她），守护他（她），奇迹真的会出现！

乐高，就是快乐和高兴

妈妈打开儿童推车，把装着水壶、小零食、水果、替换衣服、汗水巾和纸巾的双肩包挂在了车把手上，宝撅着胯，推着比她还高的儿童车，跟着妈妈去买门票。

快跟上，妈妈！

也许因为不是节假日，游客不多。遇到一位美国妈妈，看到正以S形销魂路线在推车的宝，说：“She is so cute(她好可爱)！”

在得知妈妈和宝昨天才从中国来时，她很热情地送了一张免儿童门票的couple券。

“妈妈，为什么那个阿姨要送我一张票？”

“因为那个阿姨觉得宝贝很可爱呀，刚才宝贝不是也听到她说你很cute了吗？”

“可是那个阿姨是一个美国人，我是一个中国小孩呀！”不明就里的宝很是疑惑。

“宝贝说得没错。可是，不论哪个国家的人，都是在高兴的时候会笑，在难过的时候会哭，爱是属于全世界的。她喜欢宝贝，愿意帮助我们，我们就应该说谢谢，thank you。”妈妈抱起宝贝，让她可以平视那个美国妈妈。

“谢谢。”宝好像还不太习惯，语毕旋即转身抱住妈妈，把小翘臀对着人家。

告别了那个美国妈妈后，妈妈和宝约好：她走累了，就坐上小推车；妈妈累了，就换她下来推车，我们轮流休息。

从左边开始呢，还是先玩右边的呢？

进园之后，宝自告奋勇地取了两张地图，很积极地寻找儿童车的“停车场”，像小司机一样，瞄准空位置，径直往前推，嘴里还嘟囔着配音：“倒车——倒车——倒车”，停到位后，再使劲儿地踩下车脚的刹闸，然后拍拍小手，轻装上阵地玩项目。

小房子里住的会是小松鼠吗？

乐高主题公园真是名不虚传，从游玩项目的各种设施，到真人表演的舞台道具，从矗立的建筑景观到沿途的可爱雕塑，就连卫生间里的镜框，也都由大小不一的乐高积木造型搭建。Miniland USA（迷你美国）区域更是恢弘地再现了纽约的高楼大厦，埃及的狮身人面像。

你好，公主殿下！

而几乎每个需要排队的角落，都放置了各式各样的乐高积木，标着大大的“PLAY ME”的字样，让孩子们边等边玩。

咦，那是小红帽吗？

妈妈，我也想和大灰狼一起跳舞！

再见了，白雪公主、小矮人。

这是糖果屋！

"Hate to say goodbye， goodbye ！"
（讨厌说再见，再见！）

宝像坠入了乐高的汪洋大海中，游兴盎然；她玩得非常快意，渐入佳境，不知不觉走到过山车边上，宝新奇地仰望着高高在上尖叫狂笑的人，拉着妈妈的手说:“妈妈，我想玩这个。”

“哦，好。”不动声色的妈妈，心里正翻江倒海。

无知者无畏的宝从来没有坐过过山车，但妈妈坐过，很不舒服，虽然妈妈的感受可以忽略不计，但是宝有点胆小，待她上去以后，如果恐慌又插翅难飞该怎么办?

妈妈镇定了一下，赶紧问了旁边的工作人员，确定了两件事情：第一，这趟过山车全程都是头朝上，没有倒过来的片段；第二，宝的年龄身高都允许坐，座椅的安全带也合适。

看上去很好玩啊！

看着摩拳擦掌的宝，妈妈一声不吭地把随身携带的挎包也寄存了，深深呼吸了一口气，紧紧牵着宝软软嫩嫩的手，带着还不知其中厉害的她坐了上去。

过山车往前只开了一小段，就扶摇直上，节节攀高，妈妈感觉到宝的小手也开始用力。开到最高处，过山车又极其迅猛地疾驰而下，人就像被抛到了空中一样看不到任何的保护，妈妈害怕得闭上了眼睛，几乎同一时间，耳旁响起宝有点受惊颤抖的声音：“妈妈，我好害怕！”

“不怕不怕，妈妈在呢，实在害怕就闭上眼睛，妈妈会保护宝贝。”妈妈壮着胆子，只好又逼着自己睁开眼睛。

每到过山车又要向下猛冲的时候，妈妈就歇斯底里地大喊：“宝贝，闭上眼睛！哈哈，真有意思呀！”

“好的，妈妈。”

每当过山车又要往上飞升的时候，妈妈就不顾形象地高喊：

“宝贝，睁开眼睛，快看，咱们是在空中飞翔呐！”

“真的耶！”

当妈妈感觉到宝的手在加大力度时，就故作轻松地一直大声和她讲话：“宝贝，飞高了呦，好刺激呀，哈哈！”

只过了一小会儿，几近癫疯的妈妈觉得宝的手拽得不那么紧了。

“宝贝，好玩吗？”

“好玩！”

能“钻山入地”的过山车，在轰隆隆的声响中，绕了几圈，终于折返了。重回地面的妈妈整个人都轻飘飘的，就像踩在棉花地一样，不那么真实。

妈妈正努力恢复正常，却听到宝在旁兴奋地拍着巴掌说：“太刺激了！妈妈！我还想再玩一次！”

“那，好吧。”

有了这次经历以后，宝基本是看到任何项目就直接飞奔过去，包括空中骑车和升降飞机，都是离地面大约两层楼高的，宝依然很自在，没有对高度的恐惧。而从此以后一个赛过一个的惊险“过山车”也成了她去任何一个公园的“保留曲目”。

宝以旺盛的精力，坚持玩到闭园，天色渐暗，清凉晚风吹来阵阵寒意，妈妈给宝加了一件外套。

出口处的彩色乐器喷泉池边，还舍不得离开的孩子们在划定的圆圈里踩跳，对应的乐器就奏响出悦耳的旋律。

四溅摇摆的喷泉下，宝也流连忘返，来来回回地蹦了好多遍，头发就像沾满了同性离子一样完全迸开，妈妈捕捉到她疯玩的这一瞬间，按下快门。

叮叮咚咚，嘀嘀哒哒。

后来，宝告诉妈妈：她只闭了一次眼睛，因为当她睁开眼睛的时候，看得好高好远，一点也不害怕，觉得自己就像一只老鹰，好酷。

不知道等到宝长大成人以后，会不会有兴趣捡起这本偶得的书来读？

于朝花夕拾，在字里行间，她会不会终于发觉：曾经在她面前伪装成刀枪不入金刚身的妈妈，其实当时心里也好害怕；

她会不会终于参透：原来妈妈更害怕的事是她会害怕，所以把自己的脆弱和犹疑统统藏起；

她会不会终于了悟：因为她，妈妈突然萌生了异想天开和搏击长空的勇气，再也不会轻易地泪湿眼底。

妈妈的爱心提示

1. 加州乐高主题公园网址：http://california.legoland.com/。

2. 旅行时间充裕的妈妈们，可考虑入住乐高酒店——LEGOLAND HOTEL，就在乐高主题公园对面，步行约两分钟。（乐园地图上有乐高酒店的位置）

3. 美国妈妈赠送的儿童票，是在一张美国报纸上剪下来的，全免费的优惠券哟，很划算！如住在美国当地的妈妈们请多多留意。

4. 地图里的72项 Pizza and Pasta Buffet（意式自助餐），适合喜欢吃披萨和意大利面条的宝贝，是自助餐的形式，带着宝贝的妈妈，如果只要一人份的餐，只要提前告诉前台，就会少收一位的费用。

5. 在FUN TOWN（欢乐镇）处有一个BIG TEST（大测试）的秀，讲述消防员灭火的搞笑故事，穿插着诙谐的特技喷水，现场的宝贝们看得都很High呀。被淋到水的宝贝更是像过狂欢节一样欣喜非常！坐在前排观看的一定不要忘记多带一套干净的替换衣服哟！

6. WATER PARK（水上乐园），有很多比淋水更上一个台阶的全力浇水项目，一个个浑身湿漉漉的宝贝们更欢腾啦，当然，也要多备一套替换衣服哟！

The Third Stop Orlando

奥兰多

在你天使般双眸深处

我能找到一片安宁

不要怀疑我会一直陪在你身边

宝贝不要忘了

直到我最后一天，直到我最后一息

每个人都会爱你，而我是最爱你的

这一生永远爱你

踏上想象之旅

当华特·迪士尼先生第一次将米老鼠从脑海现诸笔端，可能并没有预料到有一天它会成为动画巨星风靡全球，而且在若干年后，居然会建成以它为主题的大型公园，并吸引了来自世界各地的游客。

怀揣40美金到好莱坞闯荡的华特因为一只米老鼠而插上了飞翔的翅膀，建立了庞大的迪士尼帝国，缔造了“地球上最快乐的地方”；他以自己的人生传奇为样本，希望每一位到公园里参观的人都能切身感受到梦想的力量。If you dream it， you CAN do it!（敢想就能做！）

尽管时过境迁，资本运作下的迪士尼，也不可避免地散发着些许商业味道，但依然无法撼动它早已在孩子们心目中植入的希冀与憧憬。当风光一时的潮流，跨越岁月的沉淀，继续不可动摇地影响着世人，就会成为永远的经典。

目前，在美国洛杉矶、日本东京、法国巴黎、中国香港、美国奥兰多，都建有迪士尼的主题公园。但是，前面四个都只称为Disney Land， 唯有奥兰多迪士尼被誉为 Disney World。

是的，仅一字之差，全球唯有一个迪士尼世界，占地面积据说为香港迪士尼的100倍。

爱折腾的妈妈想带宝飞向那个充满梦幻和想象，全世界最大最快乐的城堡。

从洛杉矶直飞奥兰多是四个小时，时差三个小时。为了能在白天到达，妈妈选择了早班机。那就意味着妈妈和宝需要凌晨五点起床。

没想到宝凌晨三点也自然醒了，很踊跃地帮助妈妈一起收拾行李。

“妈妈，我想把这包大薯片带去迪士尼。”宝抱着薯片，妈妈都看不到她的脸了。

这是第一天在Cosata超市购买的一包家庭装超大袋薯片，平日在北京，妈妈几乎不给她吃。只是因为刚到陌生的环境，她又从未见过这么大的一袋，很是新鲜，妈妈就破例给她买了一袋。

这些天一直没空打开，宝提出要把它也带上飞机，妈妈觉得有点为难，但转念想想，无非是多了一点点麻烦。

“好吧，但是妈妈要拿的行李很多，如果宝贝想带上薯片，就要自己负责拿着，可以吗？”妈妈真的没有三头六臂。

“没问题，谢谢妈妈。”被挡在薯片后面的宝，虽然看不到她的表情，但声音听起来很愉悦。

妈妈，就带上薯片吧！

从酒店前台打包了两份早餐，妈妈和宝就披星戴月出发前往洛杉矶国际机场。

各航空公司有不同通道，登机及托运手续都是自助办理，如果自己办理确有困难也可花费5美金请机场工作人员代办。

真是怎么也摆脱不了的5美金哈！但操作屏幕上赫然写着：如果行李超重，一件另收25美金！哇！这里为什么就不是5美金呢！

早早换了登机牌，把贴了标签的大箱子抬进传送带，妈妈负责叮铃咣铛挂着各种东西的儿童车，宝始终环抱着那袋薯片，过了安检。

一进到机场里面，宝像遇到熟人一样兴高采烈地大喊："妈妈，有好多国旗呀！"

机场明晃晃的穹形屋顶两侧，悬插着色彩鲜艳的各国国旗。

这是法国、西班牙、那是阿根廷……

宝一岁多时，妈妈发现她对拼图特别感兴趣，而且拼的速度很快，就趁热打铁地购买了从花草、动物主题到中国地图、世界地图等一系列由简到难的拼图。在她拼得顺手之时，也记住了中国大部分省份和世界上大部分国家的名字。

接着妈妈又买了各国国旗走迷宫的木质玩具，那些对她而言已经滚瓜烂熟的国家名字，又和一面面国旗对号入座，联系记忆了。两岁多时妈妈带她到水立方游泳馆，就发现她已经能指认出不少国家的旗帜。

现在到了象征着全球化多元化的洛杉矶国际机场，看到在北京家中就曾天天碰面的国旗，宝就像他乡遇故知一样，亲切地和老朋友们挨个打招呼，一副欣喜雀跃的表情。

突然，妈妈感觉到几个擦肩而过的老外投射过来的光压，他们从远处走来，都低侧着头看一下宝就笑起来，然后继续匆匆前行，扬起的脸上还挂着那个来不及收起来的微笑。

其中一位女士盯着宝乐了半天，最后忍不住对妈妈说："她一定非常爱吃薯片，那包薯片都快比她高了！"

妈妈看一眼宝，她泰然自若地稳抱着大薯片，艰难地从袋子后面露出两只亮闪闪的大眼睛，全景扫描这个异国机场。

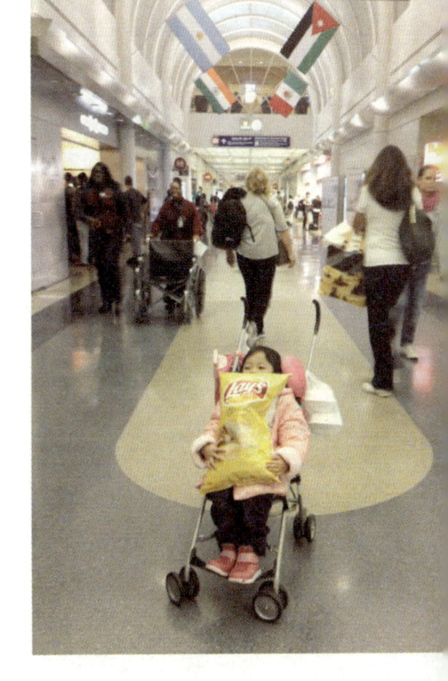

咦，阿姨是在笑我吗？

飞机很准时，妈妈和宝吃了早餐盒里的鸡蛋面包牛奶，就登机了。睡神母女一个回笼觉醒来，转眼就降落奥兰多，落地就直接是下午三点了。

一出舱门，儿童推车已先我们到达，宝很轻巧地坐上去，妈妈也省了很多力气。

进入奥兰多机场就瞧见专卖店里摆着好多米老鼠和唐老鸭的毛绒玩具，还有大大小小的孩子们争相嬉闹，迪士尼的氛围就围拢在我们的身边不远处。

宝很欢喜地环视四周，乌溜溜的眼睛应接不暇，像一名正在热身即将参加竞技的选手。

妈妈看着宝活络的眼角眉梢，也跟着开心起来，为了让她尽快到达酒店，着急忙慌地往前推车，还表演了一小段自由滑行，脱手让车和宝转了一圈半。

在这个高难的转体540度中，来自中国的运动员宝，表现出了和她年龄极不相称的耐力，以玲珑的身型，稚气冷艳的表情，镇定自若了十几秒钟，才被吓得开始

哇哇大叫。

嘚瑟中的妈妈发现走错路了！行李提取处按不同的航空公司分为A区和B区，只好又原路返回，横穿整个机场，又掏出5美金租了一辆拖车，把所有行李，推车，孩子和薯片都放了上去。

“宝贝点名报数。”妈妈清点着这些家当，一个也不能少。

“妈妈，都到了，都到了，咱们快走吧。”宝的大半个身子已经歪到了推车外面。

看着她急不可耐的样子，妈妈不想再走错，又向机场工作人员问了路，直接走到Disney Magic Impress处。

出示酒店预订单，接头成功，有了着落的妈妈和宝，对即将开始的想象之旅踌躇满志，然后优哉游哉地走向指定的大巴。

一脚迈出机场，才发现奥兰多正在下雨！

滂沱的大雨在眼前织成了一幕水帘，迪士尼的专车在凄雨冷风中显得那么的落寞，妈妈呆望着车窗上如注的雨水，对不作美的天公束手无策。这样的景象和妈妈原本设想的相差一个筋斗云那么远；这样的天气，和妈妈计划带宝阳光出发的旅行是多么的不协调！

风雨中无奈的妈妈，看着年幼的不识愁滋味的宝，不知道要怎么办才好。

妈妈，下雨啦！

全世界最快乐的地方

迪士尼的工作人员热情地迎上来接走了我们的行李，用搞笑而高亢的语调大声说："Lucky day ，isn’t it? "（很幸运的一天啊，是不是？）

他的幽默一语惊醒梦中的妈妈，也罢，既来之则安之。

"宝贝，How's the weather today? "（今天天气怎么样？）依然沉浸在快乐中的宝就是妈妈的晴天。

"It is raining day!"（今天是下雨天！）宝自觉戴好了衣服上连着的帽子。

胖胖的大巴司机对着宝说："Oh， your English is very good!! "（你的英语很棒啊！）

"妈妈，司机叔叔在说啥？"宝咯咯地笑。

"他说宝贝的英文很好

呀，有没有？”妈妈撑开伞，罩着宝走向大巴车。

“有！ Of course!”（那当然！）宝把小腿够得高高的，发力一蹬，妈妈在她身后托了一下，她就跃上了车内台阶。

刚落座，宝的眼睛就像被一块强力磁铁吸住了一样，直勾勾地盯着正在播放《米老鼠和唐老鸭》动画片的电视机。以超高的分贝笑得非常忘我，坐在我们前面的乘客一个劲儿地回过头来看这个中国小女孩，挤眉弄眼地会心一笑。

在空旷的马路上，经过一片又一片树林、走过立交桥、驶入度假区内，逐个送走车上的游客，终于到了妈妈和宝要入住的酒店。

宝依依不舍地边下车边盯着电视机，直到视线再也看不到为止。妈妈拖着行李，让她走在前面，一起到前台办理check-in（入住手续）。

米老鼠就是迪士尼的图腾，在整个酒店大堂随处可见，这里的工作人员全带着温暖的微笑，看到任何一个孩子都友善又夸张地喊“Hi! Princess！”(小公主或小王子)。

宝起初听到时还很腼腆地抿一下唇，矜持地藏到妈妈身后偷乐，后来再听到这样的问候时，就非常坦然地笑纳，大方回应：Hi!

办完入住，得到两只包含了客人所有预订信息的迪士尼手环。它是酒店房间的钥匙，是进入主题公园的门票，也是吃饭，照相，超市，礼品店都畅通无阻的一卡通。只要是迪士尼度假区里的所有活动和消费，都只要轻轻一刷就可以，最后统一结账，而且手环可以留作纪念不需退还。

大堂的一角在24小时不间断地播放经典的《米老鼠和唐老鸭》黑白动画片，宽大舒服的沙发上已经围坐了好多各种肤色的孩子，笑成一团，滚来滚去。

宝看到这一幕，以激光枪的语速，没有任何停顿地说：“妈妈我过去一下。”还没等妈妈回答，她就像神州八号一样，定位准确，极速发射到那群国际儿童团中间。自从来了美国，宝和妈妈几乎形影不离，她从未像现在这样，主动离开妈妈这么远。

妈妈的目光一直尾随着她，特别奇怪地，当宝冲过去，已经在座的孩子们都很欢迎，为她腾出一个位置，宝朝他们笑笑，就大大咧咧地坐了上去。

那群素未谋面的孩子们，看起来并不需要经过一个从陌生到熟悉的过程，很快地就融为一片。

除了笑声不需要翻译，他们都说着各自的母语，彼此还拼命点头拍手，看到逗乐的片段，还会互相指手画脚地捧腹大笑，远远望去，貌似都能听懂对方的样子。

因为今天搭乘飞机，妈妈原本想安排宝早点休息，养精蓄锐。但此时此刻，妈妈再次体会到带娃旅行，是一件不可能严格遵守行程表的事情。

不如随心随性，毕竟并没有什么任务一定要完成，让宝在路上成长，才是妈妈不远千里带她来这里的初衷。

妈妈接过前台赠送的卡通贴纸和玫瑰花，站在了宝的身后。身旁有一位金发母亲也慈爱地看着她的孩子，也跟着笑，然后叽里咕噜地说了一长串西班牙语。

妈妈虽然听不懂，但看到这幕情景，地球人的想法应该都一样吧——真是拿这帮熊孩子没办法啊！

或许，孩子之间真有某种天然的吸引，语言并不是他们交流的障碍，笑容会开启沟通的大门。

大约半小时后，晚餐的香味儿让孩子们四散开去。在人声鼎沸的热闹餐厅，妈妈抱起宝在餐台上转悠了两圈，所有菜式看遍以后点了她喜欢的烤鸡腿。

狼吞虎咽的宝，让妈妈几乎产生了错觉，差点忘记了她是一个比较偏食的孩子，甚至有些后悔在洛杉矶的几天顿顿到中国城定外卖。

吃饱了的宝，这才注意到手腕上扣上了一个新手环。每次把它靠近感应器，上面刻着的米老鼠头像就会闪出一圈绿色的光，发出轻轻一声的“滴”，然后房间的门就开了。

一个是妈妈的，一个是我的。

宝显然很喜欢这个“芝麻开门”的游戏，总是一马当先地抢着刷手环，反反复复地做着实验，每次还能都是一样惊喜若狂的表情。

在成人的视野里，那些细微的、琐屑的、点滴的，甚至不值一提或习以为常的小事，却是能让孩子们长久地感受到乐趣的源泉。

雨后的奥兰多之夜，带着不燥的微风和如洗的空气，住宿区都是三层的小楼，每栋建筑前面都立着一个比小楼还高的卡通雕塑，憨态可掬的斑点狗，活灵活现的小丑，圆胖可爱的海狮等；在几株高高的树下，有一辆白色的卡通汽车，周围立着摆放了一圈轮胎。

眼前的这些场景，都在妈妈给宝展示过的酒店图片里出现过，身临其境的宝迈着轻快的步子，蹦蹦跳跳地向前走。

妈妈，真不知道选哪间啊。

妈妈，咱们住哪间房子呢？狗狗看着的那间吧！

噼里啪啦，噼里啪啦，变！

游泳池前面，是一只张开怀抱的米老鼠，树丛的转角处，有两只唐老鸭。

“妈妈，这只的名字叫唐老鸭，另外一只，她叫黛西。”宝站在它们中间，脆生生地向妈妈介绍着。

妈妈没有陪宝看过《米奇妙妙屋》，每次只限定她看一集，一般都趁她全神贯注看片时，像游击队员一样忙自己的事情，家务或工作。等她看完一集，她会很自觉地大喊：“妈妈，我看完了。”然后妈妈去关掉电视。

所以妈妈真的不知道“唐老鸭”居然还有两个！好吧，还是一个男的，一个女的。

宝的解说让妈妈的思绪飘飞到了遥远的童年，翻过一页一页的岁月明信片，看到了曾经的自己，还有那些已经发黄变旧的纸和笔。在我还是小小姑娘的年纪，也曾带着对童话的无穷痴迷，把梦想画在手心里。

在夜色笼罩的美利坚，宝像一个从前世穿越而来的心灵导师，牵引着妈妈回到万里之外的故乡，重启永不凋零的记忆。

迪士尼小情报

1.奥兰多迪斯尼网址：https://disneyworld.disney.go.com/，门票、酒店、餐厅的预订都能在官网上完成，越早越好！

2.奥兰多迪士尼世界有4个主题园（Magic Kingdom，Epcot， Hollywood Studio， Animal Kingdom）、2个水上乐园（暑期开放）、一个购物中心Downtown Disney（不用门票，安排半天时间或一个晚上逛逛可以）、一个运动中心World of Sports、一个高尔夫训练场，还有30多个度假中心和酒店（resorts）组成。

3.妈妈和宝入住迪斯尼酒店，是以安全为首要考虑，其次包含了各园的大巴接送，适合没有代步工具的我们。如果是租车的妈妈们，或同行人数多的宝贝们，也可以考虑住在度假区外，价格相对便宜一些。

4.预订时请根据网页介绍，填写详细的航班信息，就能享有接送机服务；也可以让迪斯尼把手环和条形码提前寄到家中，条形码贴在行李上，能从机场直接送到酒店房间。

5.入住酒店之后，在前台可先拿到各个园的地图，表演及游行的时刻表，拟定游玩顺序。

6.园内的餐饮，可参考各园地图标志，一个$的基本都是快餐；$$就是table service；以此类推，三个$$$当然就更贵啦，不过好吃程度与价钱成正比哟，应了那句老话“一分钱一分货”呀。

7.迪士尼主题公园也有小推车出租服务，但个人建议还是购买的性价比高些。

我想养一只海豚

一夜好梦，朦朦胧胧间听到楼道外传来莺啼鸟鸣和孩子们雀跃的跑步声，妈妈和宝几乎同时醒来。

妈妈跳下床瞬移到窗边，掀开窗帘的一角往外看，哈！好一个艳阳天！楼下走过三俩结伴的孩子们，园区里霎时就喧闹起来。

“宝贝，起床啦，大家都出发啦！”妈妈开始准备各种东西。

宝歪歪扭扭地站起来，一边笨手笨脚地换衣服，一边探着脑袋，垫着脚尖儿，也朝着窗外张望：“妈妈，哪儿呀？哪儿呀？”惺忪的眼睛费力睁大。

正说着，一个没站稳，闷闷地吧嗒一声，侧摔在床上，穿了一半的牛仔裤被压在身下，动弹不得；而宝压根无视自己的处境，还继续挣扎着拧巴着，如炬的目光一直没有停止搜寻。

妈妈哀叹贪玩真是人类的天性啊，一把拎她下床，各自洗漱完毕，收拾妥当，早餐是面包、麦芬、酸奶、水果。

坐上预订的大巴，感觉每个细胞都沐浴在恰到好处的阳光里，全身心舒畅。不止好景良天，还有一个大笑得露出后槽牙的宝，一

看到她肆意的狂笑，妈妈就油然而生出一种说不清道不明的知足又甜美的心情。

今天要去的Sea World是全球第二大海洋主题公园，网上免费注册美国西南航空的会员，门票可以打八折。

一进公园，宝就轻车熟路地去取了两张地图，一张递给妈妈，一张自己拿着开始聚精会神地研究。

地图生动明了，全都配上了相应的小动物画像，宝基本能辨明大致的方位。妈妈对着节目单，圈出几场Show的表演时间，制定了玩转海洋世界的步骤。

耶就先去看海豚吧！

海豚是宝最喜欢的海洋生物，走过Dolphin Cove（海豚湾）时，当然不能错过带她近距离喂海豚的机会。

在划定的安全区域，工作人员分给我们一盒冰冻的小鱼。宝的身高还够不着水池边，妈妈把她抱起来，让她捧着鱼盒，看着波澜不惊的水面，耐心等待。

听到好像是从水底传来的轻曼音乐，忽然阵阵水花就翻卷着朝我们而来，眨眼工夫海豚就游到跟前，与我们面对面，张开湿漉漉的大嘴，露出锋利的牙齿和像肉垫一样厚厚的舌头。

宝初次见到这个场面有点懵，下意识地往后避着身子："妈妈，海豚会不会咬人？"

"宝贝离远一点把小鱼扔进海豚嘴里，不能把手放进去，保持距离就没事儿。"妈妈鼓励宝亲自试一试。

宝很小心地抛着小鱼，有几条偏了掉进水里，机灵的海豚快闪地甩头，都吞进了大肚子里。

扔光了所有的小鱼，海豚还一往情深地看着宝，宝心领神会地

向它摇了摇手中的空盒子。

海豚流线型的身体就轻巧地反转游回去，亮出剪刀一样的尾巴拍打在围栏边，飞溅的水洒落在了宝的胳膊上。

“妈妈，我想养一只海豚。”宝依然意犹未尽。

“为什么？”

“它滑……”宝细柔地把尾音拖得很长，就像她刚才触摸过海豚一样。

“还有呢？”

“海豚它总是在微笑。”宝学着海豚的样子，把嘴角咧开，往两侧上扬。

看，海豚想吃小鱼！

妈妈依稀记得，曾经在哪儿读过一篇关于海豚微笑的文章，其实那是它天生的单一的表情。

但是妈妈暂时不打算告诉宝："嗯，没错，爱笑的人和爱笑的动物，都讨人喜欢。还有吗？"

"天气热的时候，它能一直泡在水里，不用穿衣服。"说完，宝又把舌头伸出来，学着小哈巴狗的表情。

宝一提醒，妈妈才发现温差较大的奥兰多，临近午间，日晒充足，还真是有暑气蒸熏，炎炎夏天的感觉。

妈妈，鱼在我们头顶上飞！

妈妈伸出魔爪拨开宝的衣领，在她后背一摩挲，幸亏还没出大汗，连忙扯下她的外套，又从双肩包里揪出一顶遮阳帽，扣在她头上。

可每个海洋生物馆里都特别阴冷，尤其是北极熊馆，模拟极地的雪山都在嗖嗖地冒着凉气。

于是妈妈的两只手只好又变成两根勤快的雨刷，亦步亦趋地跟着宝，不厌其烦地无数次给她穿脱衣服。

宝玩得饥肠辘辘，妈妈的手也快痉挛之时，来到了提前预定的水下鲨鱼馆餐厅，这也是我们娘俩儿来美国后的第一次西式大餐！

好有情调的餐厅！幽暗神秘的灯光，近在咫尺的一整面玻璃幕墙里是许多不同种类的鲨鱼，悠哉畅游，带着海洋霸主的傲气。

服务员一看见宝就送上一张鲨鱼的填色纸和彩笔，上面标明了每种鲨鱼的类型和名字。

宝专注地画着，妈妈很隆重地点了牛排，餐厅推荐的儿童套餐是烤牛肉串，不得不说虽然都是牛肉，味道却差别很大。

喷香扑鼻的牛排先上了，宝没见过，妈妈也没招呼她，就自顾自地吃起来。

“妈妈，那是什么？我想尝尝。”宝可能闻到了香味，看着妈妈的盘中餐，垂涎三尺。

宝平时是没吃过的东西都不愿意试的孩子，她突然主动说想尝尝，妈妈当然高兴，为了不打草惊蛇，故意装得不太愿意的样子说：“这是妈妈点的，你的菜还没上呢，妈妈好饿，只能给你吃一口。”

最后宝吃了一大半牛排。为了不浪费，妈妈只好变成垃圾桶，回收了不怎么好吃的肉串。

看着宝吃嘛嘛香的样子，尽管要处理残羹冷炙，尽管因为这顿饭错过了有时间冲突的一场秀，快要泪奔的妈妈还是沾沾自喜，高兴得找不到北！简直飘飘然地想站到世界的屋顶，气运丹田呐喊一声：“妈妈们，不要放弃啊，偏食的孩子也有春天！”

你看起来很好吃啊！

忘乎所以的妈妈，哪里预料得到，就在第二天，愚蠢至极的自己就被残酷的现实狠狠地扇了一个大耳光。

是谁说过“天若有情天亦老”？

这酸甜苦辣的人间，总会让人泪流满面。

掌声为你响起

享用完美美的午餐，又变得精力充沛的妈妈和宝心情大好地展开地图，找下一个目的地。

“妈妈，我还看见刚才停车场那边贴着一张海报，上面是四只大手和一只小手，能拼成一个五角星的形状！”宝把两手的的中指和食指都伸直了。

“啊？是吗？”妈妈也去了停车场，完全视而不见。

“是的，妈妈你也学我这样。咱们拼一下。”宝兴致勃勃地晃着小爪子。

妈妈照着宝的样子，两只手竖出了V字形，然后把相邻的指尖碰接在一起，

“你看是不是？再加上爸爸的手，就可以了！”宝龇牙咧嘴。

“嗯，回北京，宝贝可以和同学也玩这个游戏咯。”

“妈妈，下午还要看秀吗？”宝抬起头来问。

“咦？宝贝知道什么是秀吗？是show吗？”妈妈真不记得自己和宝说过了。

“妈妈早上不是带我看了两场秀吗？看秀不就是看表演的意思吗！”理直气壮的宝，一定是在妈妈无意间说的时候，记在心上了。

“对！宝贝说得没错！”

早上连续踩点，分别观看了海豚和海狮两场秀。除了海洋动物的特殊技能展示以外，还加入了搭调的背景音乐，跌宕起伏的故事情节，演员与动物的亲密合作，所有的元素完美地组织在一起，让整场秀被赋予了更多的内涵和意义，结尾以有惊无险的高台跳水完美收官，精彩无比！

下午还有另两场秀，当然也不容错过。

好好看的“秀”！

天和水都是蓝色的呀！

妈妈拉着宝，刚好赶在大门关闭前，拔开飞毛腿跑进一个像大型电影院一样的封闭剧场，已是座无虚席，好不容易找到一个靠前的位子，让宝坐在妈妈腿上，演出就开始了。

这是一出没有对白的舞台剧，演员都穿着围绕海洋主题的奇装异服，时而激昂跳跃，时而轻柔曼舞，配合着震撼的音效，炫彩的灯光，台下的观众就像置身于一个美丽无比的海底世界。

突然数不清的七彩泡泡从天而降，晶莹剔透，就在我们的周围洋洋洒洒地飘落，妈妈偷瞄了一眼宝，她正屏住呼吸目不转睛地看着，小家伙完全惊呆了。

不知道宝小小的脑袋里是不是和妈妈一样，正经历着理想和现实的碰撞，她的还在逐渐形成的不成系统的思维里，会不会也在上演一场灵魂的革命？

也许是妈妈一厢情愿地想太多，也许，宝只是在看一场热闹的鲜艳的秀而已。但至少，她在日后的生活中，会清楚地知道世界不仅仅只有培训班、学校和家，还有山外青山楼外楼，因为她曾经坐在过这里。

天上吹来泡泡了！

最后一场露天音乐会，蓝天白云下，现场献唱的是美国当红乡村歌手Justin Moore，格子衬衫，西部牛仔帽，潇洒帅气。

他连着唱了好几首，妈妈都没有听过。其中一支真的很好听，前后左右坐着的姑娘小伙子们都随着音乐时不时地发出刺耳尖叫或者吹哨，然后全场沸腾地跟唱起来，气势如虹、地动山摇。

妈妈问了一下身旁的美国小姑娘那首歌叫什么，她把歌名写给了我: Til my last day。

宝全神贯注地听着，小手指幅度很小地刮着椅子边。她，是在敲打节拍。

“宝贝，好听吗？”

那是谁在唱歌？

“好听。”

动人的旋律，总是在不经意间与我们互有一段共振的频率。小提琴如泣如诉的《梁祝》也好，钢琴直击心灵的《命运交响曲》也好，古筝温柔婉约的《高山流水》也好，还有这一首，就在耳畔的如此随意，却又情真意切的英文歌曲。

在这一瞬间，它不仅打动了妈妈，也打动了还不谙世事的宝。

在渐行渐远的歌声中，妈妈推着宝往外走去，一出大门，宝就像下岗收工一样，顷刻睡得云里雾里。

妈妈轻轻地给她盖上衣服，坐在车站里，驻守着她的清梦。

大巴开过来，司机看到妈妈一个人大包小包地带着一个熟睡的宝，立马下来帮忙折叠推车，还接过去所有的包。

妈妈抱着宝刚踩上车里的台阶，在座的陌生游客们都鼓起掌来，受宠若惊的妈妈，不好意思地笑笑，倍感温馨。

音乐无国界！

后来发现，其实每一个新上车的人，都会得到这样的礼遇。尽管如此，妈妈依然很感动，平凡普通的芸芸众生，度过自己每一个辛苦而快乐的一天，难道不应该击掌庆贺吗？

只可惜，沉睡在梦中的宝，没有听到。

亲爱的宝，妈妈带着你旅行，并不是想做一个上天入地的虎妈，也不是为了让你有朝一日成为学霸或精英，妈妈只是希望宝能多了解这个世界，就像美妙的音乐有万千种形式，人生也不是只有一种可能。只要未来的你，每一天都过得充实而开心，不虚度光阴，不荒废才情，妈妈就会一直为你喝彩！那最热烈的掌声，是为你而响起。

Somewhere deep inside your angel eyes

在你天使般双眸深处

I found a place to rest

我能找到一片安宁

Don't ever doubt that I'll be around

不要怀疑我会一直陪在你身边

And baby don't you ever forget

宝贝不要忘了

Til my last day， til my last breath

直到我最后一天，直到我最后一息

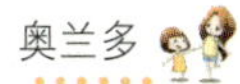

Of everyone that can, I can love you the best

每个人都会爱你，而我是最爱你的

Til my last day, I' ll be loving you

这一生永远爱你

——*til my last day*

宝贝，妈妈想和你永远在一起。

妈妈的爱心提示

1. 海洋世界网址：http://seaworldparks.com/en/seaworld-orlando/。

2. 免费注册美国西南航空会员，即可享最多四张海洋世界门票的八折优惠呦。只要提前一天注册就行啦，可以用手机拍下网页上的会员信息，在售票处出示即可。

3. 美国西南航空网址：http://www.southwest.com/。

4. SHARK UNDERWATER GRILL——鲨鱼馆午餐需要提前预约，越早越好，优先挑选时间，不然可能会错过一场秀。另外，牛排一级棒！

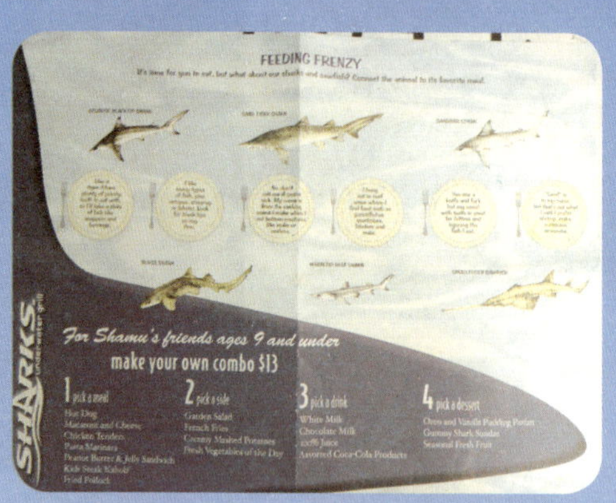

What’s your name?

和昨天一样，妈妈带着睡到自然醒的宝，走到酒店门口等待预订的大巴前往环球影城。

走过来几个美国家庭，也加入了我们的行列。

带着孩子的母亲之间，仿佛有种默契，眼神相遇时的一个笑意就能拉进彼此的距离。

就像在北京小区里，只要以三个关键问题作为开场白：“孩子多大了？”“吃饭好吗？”“晚上几点睡觉呀？”……那么孩子妈们就会有绵绵不绝的共享心得。

妈妈在美国的体会也是如此，不论身在何处，来自何方，只要有一个孩子，那就是一株嫩绿的橄榄枝，一只洁白的和平鸽，总是很容易交到新朋友，因为我们都是有孩子的人哪！

妈妈们寒暄起来，知道他们虽然住在美国，但也是第一次来迪士尼，因为曾经答应过孩子们放春假就来，所以要遵守承诺。

看，全世界的妈妈是多么地相似！

聊天之余，妈妈悄悄地观察宝，她正笑眯眯地看着对面的美国小孩儿，小眼珠瞟来瞟去有点害羞又有点期待，看到那几个孩子在笑，就在旁边跟着腻歪，扭捏着捂嘴笑。

宝出国这些天都是只和妈妈在一起，她肯定想和小伙伴们玩了。

其中一个大概7岁的小姑娘Jessica也频频地瞄着宝，“明送秋波”，问：“Mummy，is she a chinese girl?（她是中国小孩吗）？”

Jessica的妈妈回答：“Yes，they come from Beijing(是的，他们来自北京)。”

妈妈趁机对Jessica点点头说：“She likes you!(宝很喜欢你)”

What’s your name?

Jessica就痛快地主动过去拉宝的手，说了一堆英文。宝虽然没听懂，也没有说话，但是也欢腾坏了，千娇百媚地紧拉着小姐姐开始玩了。

OK，中美小使者终于迎来了握手这一具有重大历史意义的时刻！

上大巴以后，Jessica和宝就亲密地挨着坐，开始热乎地“聊天”。

Jessica:“What’s your name?（你叫什么）”

宝:“Bella。”

Jessica:“How old are you then?（那你多大了）”

宝："Four。"

Jessica: "Oh，I am seven! It's my first time be here in Disneyland， what a fun! Bella， do you like here?（啊，我7岁了，这是我第一次来迪士尼，真有意思！Bella，你喜欢这儿吗）"

宝："Ok， yeah，yeah，索索巴打，急古哇哇，买嘿摸摸no， no， good!"

不知所以的Jessica当场石化了，楞头问妈妈："What did she say?（她说的是啥）"

惊恐万分的妈妈看着满腔热忱的宝，与丈二和尚摸不着头脑的Jessica，稳稳心神，火速环视了一圈，还好全车都没有中国人，就冲Jessica挤出讨好的微笑：

"Hi， Jessica，she said it's her first time be here too， so nice to meet with you and looking forward to meet with you next time in China（她说她也是第一次来迪士尼，很高兴遇到你，邀请你以后到中国玩）！"

都说当孩子咿呀学语时，只有妈妈能听得懂那些高深莫测的太空话。宝的第一次非正式外交会晤，虽然是鸡同鸭讲，但妈妈知道她其实是想讲自己并没有掌握的英文。

虽然她嘴里咕咚咕咚冒出来的不知道像是哪国方言，但妈妈觉得只要她是在积极对话，向刚刚才相识的外国孩子努力地表达自己就好，其他的并不重要。

不过为了礼貌，妈妈还是一路忍着笑，带着一副欠揍的表情尽力配合着翻译。

到站后，妈妈和Jessica妈交换了联系方式，宝也和Jessica拥抱留影，山水有相逢。

奥兰多环球影城，果然名不虚传！沿着宽阔的走道，两侧都是形形色色的巨幅电影海报，美国大片里几乎所有的精华元素都能在这里找到。

漫步其间，不知不觉就像遁进了宽大的银幕，一帧一帧的胶片徐徐略过，突然听到若有若无的一声——“嗒”，像断了的细线，时空凝固，就停留在这里。

汽车的一角冲透了墙壁，滚落的轮胎和砖头，是一部灾难片；鳞甲密布的不明怪物，用庞大的身躯缠绕住一辆现代坦克，那是一部科幻片；居高临下的金色法老王，威严看守众神之国的埃及，那是木乃伊的复仇；横扫千军、谁与争锋的擎天柱和大黄蜂，那是地球人都知道的变形金刚。

MONSTERS CAFE
LARD LAD
DONUTS
NEST
TRANSFORMERS
THE RIDE-3D

Yellow Cab Co.
NON-STOP

TURKEY LEGS
UNIVERSAL

FRENCH
COURTYARD
QUARTER
Nawlins Style Food & Spirits

MUMMY
MUSEUM OF ANTIQUITIES

虽然环球影城最有噱头的主打项目不是宝的菜，但妈妈觉得，只要她玩得尽兴就好，并不一定就要玩传统的重点项目，也不是非要玩遍所有项目不可。

她如愿以偿地见到了心仪的偶像：海绵宝宝、派大星、章鱼哥和小黄人；她神采飞扬地跟随着卡通大游行，边走边唱，载歌载舞；她在创意无限的儿童区，玩一个体验平衡的沙漏，开动一只随波逐流的小船；在随时会浇下一大通水的小迷宫里机灵地闪躲；在形似牛头骨的滑梯和全是绳结编造的房间，玩得不亦乐乎；还看了一场由小动物表演的秀，露出天真无邪的笑容，很有爱。

玩得有点累的宝坐上了小车休息，妈妈推着她准备去隔壁的冒险岛。

那里有一个举世瞩目的“哈利波特主题园”，有电影中会说话的画像，飞天扫把，隐形斗篷和三个主人公。

那是作为读过全套原著的妈妈，在这场因宝而出发的旅行中，唯一想“顺便”去看看的地方。超级哈迷的麻瓜妈妈，好想在奥立凡得商店买一把神奇的魔杖，到校长办公室见一见充满智慧的邓布利多，然后到猪头酒吧点一杯黄油啤酒和南瓜汁。

渴慕已久的妈妈，在期望通往现实的路上，发现亲爱的宝睡着了，仅仅一步之遥的霍格沃茨魔法城堡，去不了了。

妈妈的爱心提示

1.海洋世界和环球影城都是不属于迪斯尼世界的乐园，所以从迪斯尼酒店到这两个公园，需在前台单独预订大巴接送，不免费。因为到奥兰多的游客们一般都会到这两个公园游玩，所以交通也不是问题，只要提前一天在前台填写人数，接送时间即可。

2.环球影城有许多超5D的电影，有些小宝贝可能不适应，随时和宝贝沟通，以她的感受为重，微调游玩项目。

3.环球影城和冒险岛的门票可以分开购买，分成两天游玩，也可以买一天两园的通票，时间压缩一些，两个园也很近，一天可以解决，还更节省。

4.在国外旅行也是宝贝学习英文的天然好机会呦！在润物细无声中，猛然发现，呀，她居然学会了不少！这都是什么时候发生的事？

妈妈的不眠之夜

没有魔法的妈妈，变不出一张小床，也不能把简易的儿童推车现场拆了，改造成可以放倒的小婴儿车，只好一面推着宝一面寻找“九又四分之三”的站台。

没有巫师长袍的妈妈，只能抱着宝，找一把椅子坐下。看着人来人往，隐约听到《哈利波特》的主题曲。

妈妈真羡慕宝，不论何时何地，想睡就能睡着，还睡得如此不管不顾，晴空万里，有暖暖的风吹过，在妈妈怀抱中的宝，在做着什么样的美梦呢?

宝整整睡了两个小时，醒来后又兴高采烈地玩了一会，疲倦的妈妈，望了望霍格莫德街上覆盖着皑皑白雪的尖顶小屋，就带她回了酒店。

以为终于可以好好休息了，却不料即将遭遇这次旅行中最无法入眠的一夜。

妈妈抱着宝，巡礼似的在整个餐厅转来转去，宝看遍了所有的菜式以后，点了面条和玉米沙拉，打包回房间用餐。

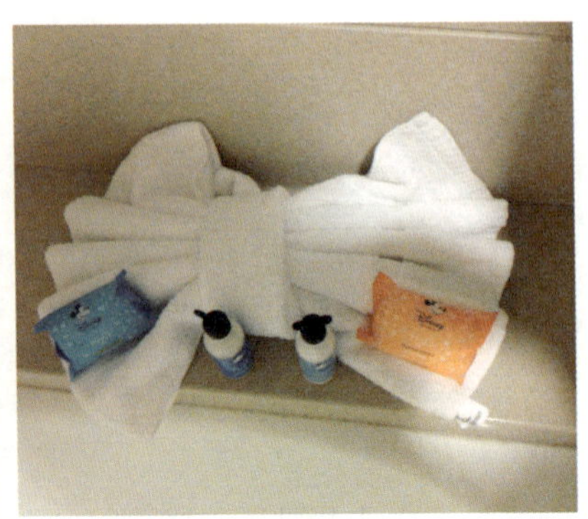

床上的米老鼠。

宝只敷衍式地扒拉了两口就不吃了，妈妈拼命克制着蹭蹭往上冒过三丈的火气，准备带她洗澡，一边脱衣服一边数落她：“为什么就吃那么一点点？这不是宝贝自己要点的面条吗？”妈妈很严厉地拉长脸。

“我不喜欢吃！”宝两手叉腰，翻着白眼，把头决绝地偏向一边，只给妈妈一个桀骜不驯的侧颜，嘟着嘴气呼呼地说。

“妈妈和宝贝说过的，出来旅行必须好好吃饭好好睡觉，宝贝前几天都表现得很好，但是今天妈妈必须批评你了。”妈妈口气严厉，非常生气。

猝不及防，宝号啕大哭起来。

“你哭，妈妈也要批评你，不好好吃饭，怎么有力气好好玩？”妈妈渐渐释放刚才一直压着的音量，高声起来。

宝站在浴缸里，越哭越大声，闭着眼睛，泪水顺着哭扁的脸颊流进了呜咽的歪嘴，瘦削的肩膀不由自主地上下抖动，像是积压了好几天的情绪全部宣泄释放出来。

已经筋疲力尽的妈妈，看到号哭不止的孩子，沮丧得一句话也说不出来，妈妈真的也好想放声大哭一场。

瞧着宝还光着身子，妈妈急忙给她裹上浴巾，被包成春卷的宝涕泪俱下，泣不成声。妈妈抱着她呆坐在床边，没有倒好的时差，亏欠几天的睡眠，让妈妈的脑子晕成一团浆糊。

宝还在哭着，把眼泪鼻涕都蹭在妈妈的衣服上，不知道过了多久，终于停下来了。

“妈妈，你怎么了？”宝看到妈妈并没有哄她，低眉垂睫，有点撒娇。

“没事儿，宝贝，妈妈有点累，想休息一会儿。”也不知道从何时妈妈就一点也不生气了。

宝吸吸鼻子，用手背抹了抹眼眶边，脸上还挂着泪痕，就怡然自得地在妈妈的怀里开始玩手指，像一切都没有发生过一样。

“妈妈，刚才那个面有点凉，我不爱吃。”宝婉转地吐出这一句，慢腾腾地辩解着，把头挨着妈妈，还变着花样儿玩指头。

听到这话，妈妈的心里仿若被挖了一个大口子，倒是发现宝的手指甲该剪了。

“哦，妈妈知道了，宝贝睡觉吧。”

绿色的童话小屋。

“嗯，要妈妈陪着。”宝依偎着妈妈，不撒手。

宝又在妈妈的臂弯里沉沉睡去。妈妈轻轻地把她放平在枕头上，看着她被挤歪的脸蛋，鼻尖上冒出的细密汗珠儿，随着呼吸轻颤的睫毛，像花生豆儿一样的脚趾头。

妈妈真的好累，也好困，但却辗转反侧无法成眠。尝了一口那盘凉透了的面，真的不好吃。

今晚，在大洋彼岸，只有我们娘俩儿的酒店房间里，宝刚才痛哭流涕的脸一直在妈妈的脑海里挥之不去，妈妈好心疼，也有点自责。

为什么要一意孤行地带着偏食的她来美国？为什么明明在心里做好了准备，却还是在遇到挑战时，不能控制自己的情绪？为什么会痴心妄想一次远行就能让宝的习惯全然改变？

妈妈对自己说：要尽量做一个慢下来，又等得起的妈妈，不再追着宝问她要不要吃这个，要不要吃那个；不再像黑猫警长一样，天天盯守着她吃多还是吃少；不再简单粗暴地打断她自我完善的路径，要放手让她顺其自然地成长。

但妈妈也决定不会因此停下带宝继续旅行的脚步，只要每次她都能有一点点进步就好。

事实上，之后的每一次旅行，馋嘴的宝都能超前一步。

妈妈不知道自己会把宝的未来带到哪里，也不知道以后的她会长成什么样子，或许他日，妈妈和宝也会上演母女大战，会因为相左的观点而激烈地争执，或许她真的很“不乖”，会走上一条让妈妈大跌眼镜的道路。

但是不管发生怎样的天翻地覆的变化，妈妈都希望自己能始终怀着和宝初次相遇的心情。

第一次见到那个借妈妈而来却又像天外来客的宝，哭得皱成一团，小脸涨红。躺在手术台上的妈妈，无法起身抱一抱宝，只能泪如雨下，在心底里一遍又一遍地默念：“孩子，别哭，我是妈妈，我会永远，永远爱你。”

★正在反省的妈妈的心语★

1. 再次重申：宝贝睡着以后，有一个柔软舒服的安全绑带很实用呦！这样妈妈就可以小心翼翼地推着睡宝，仍然继续任我行走，啥也不耽误！

2. 旅途中遇到宝贝哭闹或不适应的情况，妈妈一定要hold住，镇定！冷静！不要崩溃！因为出门在外，妈妈就是宝贝的一整个世界。其实，就算足不出户，宅在家里，妈妈又何尝不是宝贝的一整个世界呢？所以，任何风雨，妈妈都要挺住！

3. 对于偏食的宝贝，妈妈们可以带一些干粮水果备用。在出发前，要和宝贝商量出国旅行吃饭的问题，在旅途中，还要注意宝贝的营养吸收和荤素搭配的问题。

灰姑娘城堡里的夏洛克

哈！今天终于要去宝梦寐以求的Magic Kingdom啦！

“妈妈，今天是去见米老鼠和唐老鸭对吗？”这是宝很久以来的愿望。

有点累，休息一下。

“对。”每天出门前，妈妈都在忙碌地收拾各种东西。

“是真的吗？还是人扮演的？”宝像一个小尾巴，跟着妈妈走来走去地问。

“是人扮演的，不过看上去很像真的。”妈妈拍拍宝的头。

“妈妈，我好想世界上有真的米老鼠和唐老鸭呀。”宝看上去有一点点失望。

奥兰多的天气变化多端，前两天还是烈日当空，今天就似天凉好个秋般的清冷，风吹了一地落叶，孤单的树枝欲说还休。

宝自己推着小车，雁过留痕，发出轻脆的沙沙声。她又沿路捡了好多完整的叶子，叠好放进了妈妈的双肩包里，说要带回北京，做成贴画。

妈妈和宝都穿上了厚毛衣，在大巴上，听到一个穿着短袖的美国硬汉羡慕嫉妒恨地盯着我们，对身边的小男孩唉声叹气："We should wear the sweater today , like them."（我们今天应该像她们一样穿毛衣）

握着宝热乎乎的小手，妈妈暗自庆幸带足了旅行装备，虽然每次像蚂蚁搬大象般挪动沉重的行李时，都有一种想要弃之而逃的冲动。

车还没停稳，空气中已经飘着迪士尼欢快的主题曲，宝激动不已地高喊："妈妈，城堡！是真的耶！蓝色尖顶的灰姑娘城堡！就在那里！"

“宝贝，咱们飞进去好不好？”妈妈灵光一现。

“好啊！”

乐不可支的宝张开双臂，把双腿悬空伸直，纷飞的落叶就掉在她的小胳膊小腿上，妈妈推着车加速跑了起来，小推车就像一架mini喷气式飞船，把旋转的落叶一片片甩到我们身后。

“妈妈，好好玩，再快一点，妈妈加油，妈妈加油！”宝像一只百灵鸟，扑棱棱地畅笑着。

妈妈环顾平坦空旷的广场，游客也还不多，就猛力往前一推，然后松开了手。

这辆装载着宝的小飞船，像被点着的火箭起飞冲天，气贯长虹，笔直地往前冲，再缓缓减速，顺着惯性，轻盈地滑入了这座充满了欢歌笑语和奇妙想象的梦幻城堡。

妈妈站在原地，远远望着在蓝色金丝绒一样的天空下，飞翔的宝和壮观的迪士尼世界重叠在一起，定格成一幅永远珍藏在妈妈心中的图画。

红色的古典蒸汽火车鸣着汽笛从头顶上方蜿蜒而过，米老鼠、唐老鸭、白雪公主和七个小矮人就在身旁闲庭信步，热情而友善地朝我们挥着手。

这确定不是一场梦吗？

妈妈真的把宝带到动画片里来了！

一个中古世纪装扮的满头银发的老先生，像从尘封已久的童话书里走出来，往宝的头发上撒了些五彩金粉，慈祥和蔼地对她说：

“Hi，my princess，welcome！”（欢迎我的小公主）

“宝贝抬起头来，妈妈看看。”

宝微扬起羞涩的脸，亮晶晶的眼睛，刻意挺高的小胸脯，笑靥如花，整个人都像被镀上了一圈光晕，光彩照人。此情此景，让妈妈旅途的辛劳和昨夜的纠结全部灰飞烟灭。

这是真的城堡！

三个FP（FAST PASS 免排队项目）都是妈妈事先查了资料，再征求宝的意见而选定的。

小小王国（ It’s a Small World）在香港迪士尼也有。坐上Ride开启一次温情的世界巡游，来自五湖四海的可爱娃娃们，穿上节日的盛装，有的策马扬鞭，有的打锣敲鼓，有的乘坐缤纷热气球，有的骑着旋转木马……不同的民族，不同的国度，却有着相似的纯净的笑容，在多姿多彩又精雕细刻的层次布景中，体会地球一家人的爱和感动。

Under the Sea-Journey of the Little Mermaid 是宝喜爱的美人鱼。大贝壳形状的Ride座椅，轻轻一旋，就带着我们潜入爱丽儿生活的幽黯海里，七彩霓虹中闪现着奇形怪状的鱼，令人眼花缭乱、目眩神迷。

那是美人鱼小姐！

齐步走！一二一！一二一！

最后压轴的是宝最最喜欢的Winnie the pooh小熊维尼。层层叠叠的自动门随着Ride往前行进，就会打开一个别有洞天的情景，突然电闪雷鸣，呈现一个光怪陆离的场面，宝压低声音凑到妈妈耳边说：

“妈妈，这是小熊维尼的梦境，它正在做梦。嘘……”然后宝把小手搭在双腿上，身体一动不动，只慢动作地轻转着视线。

一棵大树下的小木屋就是小熊维尼的家，朴素的木质家具，精小的格子窗，挂着萌萌的粉蓝窗帘，屋里屋外都垒着很多大小不一的蜂蜜罐，那是小熊维尼爱吃的食物。

木屋的右侧，有一面墙那么大的一本故事书，翻开有森林小路的一页做背景，比真人还高的小熊维尼和屹耳就站在前方，正在和小粉丝们留影签名。

胖乎乎的小熊维尼蹲下来给宝一个结结实实的大拥抱，还把墙上正在“出溜”的假蜂蜜挖了一勺喂她，宝简直欣喜若狂！

“妈妈，小熊维尼没有给其他孩子喂蜂蜜，就只给我喂了。”宝像获得了至高无上的殊荣一样开心。

维尼，谢谢你的蜂蜜！

“是吗？那是为什么呢？”妈妈佯装百思不得其解状。

“那还用说吗？因为我可爱呗。”备受鼓舞的宝拿着签名本还恋恋难舍地在小木屋里留连。

只见小熊维尼和屹耳在工作人员的带领下走开了，过了一会，小熊维尼牵着跳跳虎回来了，又开始新一轮凹造型照相。

宝又欢天喜地地去了，然后又大摇大摆地拿着本子跳回来了。

维尼，我喜欢你！

屹耳：不理我……

“妈妈，屹耳和跳跳虎是一个人扮的。”本来嬉皮笑脸的宝在仔细地端详签名后，突然一本正经地说了这么一句。

这时，一阵阴森森的妖风惊悚地刮过，妈妈全身都起了鸡皮疙瘩，再看看在梧桐落叶中的宝，那笃定沉着的表情，那虚怀若谷的腔调，俨如小神探夏洛克·福尔摩斯。惊骇不已的妈妈想，难道宝从那些签名里穿过重重迷雾，看出了什么蛛丝马迹吗？

妈妈问：“宝贝是怎么知道的？”

“因为屹耳和跳跳虎没有同时出现。”宝一语道破天机。

你的手可真软啊！

妈妈的爱心提示

1.宝贝的衣服一定要带够呦，不要太相信天气预报，自从当了妈以后，随身包里就必有一套宝贝的备用衣服，这个优良习惯要保持。

2.迪士尼乐园里有签名本和笔出售，也可以自带，不过签名笔需要粗一些，因为卡通偶像都带着手套，手掌较大，握不住太细的笔，就是握住了，签出来的字也是歪歪扭扭，大家都懂的。

3.FAST PASS 的选择推荐在手机迪士尼软件上随时操作，也可以到公园现场的几个站点选择（地图上标志的绿色FP处），但是可能会有很多人排队。

4.挑好三个项目后，系统就会出现搭配好的几套时间表，每一套中的时间不能独自更换，只能选择全套。比如A项目的时间是12点，B项目的时间是14点，C项目的时间是18点，如果你觉得A是12点不合适，想换成其他时间，就连同B和C项目的时间都得更换。

但是选择以后如果情况有变，来不及或者没有去，都能在FP处重新登记，就可以只换单个项目的时间。

有了FP，在每个项目门口都会有两条通道，一条是需要正常排队等候；一条需要刷手环，只要预定的时段内，就能大摇大摆，在长长的队伍前，心安理得地排到前面啦。如果早到，是不允许进入的呦，所以要计划好时间。

彩虹的尽头是不是有一大堆金子？

大口嚼着水果的宝，鼓着腮帮子，口齿不清地高谈阔论：“维尼熊和屹耳刚才去厕所，后来维尼熊就牵着跳跳虎回来了，肯定是扮演屹耳的叔叔，躲在厕所里，换成跳跳虎的衣服了。”

妈妈听完此言，茅塞顿开，想自己竟然一点也没有留意到这个小细节。

宝又精神抖擞地玩了一些其他项目，围观了城堡前的大联欢表演，到礼品店完成了妈妈规定的一天只能买一个纪念品的选购指标。

怎么都不愿意回酒店午睡的宝，前一秒还在畅快喝水，后一秒又头一歪，睡得红了樱桃绿了芭蕉！

考验妈妈的时候又来了。

如果晚上想准时看Wishes烟花秀，折腾回酒店恐怕来不及，另外，也担心把宝给吵醒了。

妈妈只好在露天咖啡厅，挪了三把椅子，无缝拼好，再蹑手蹑脚地把宝从小推车里抱出来，慢慢地平放到椅子上，把套在她脖子上的U形枕调整好角度，让她睡得舒服些，又脱下外套，把她从头到脚都捂得严严实实。

接下来的两个小时，妈妈哪儿也不敢去，也不敢喝水，犯困时就连忙站起来，撑开要打架的眼皮，围绕着这三张椅子转圈，像是一名不眠不休的X战警，正在执行一个只许成功不许失败的任务。

熙熙攘攘行走的游客，瞥见椅子上那一条卷得像新鲜玉米的宝，都特理解地冲着妈妈乐。有的还开起玩笑："Oh ，great! The bed is very comfortable! "（不错啊，这张床真舒服）

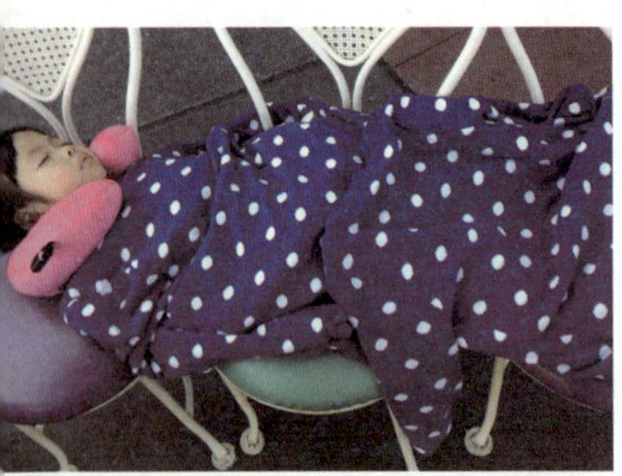

妈妈：在做啥美梦呢？

莫愁前路无知己，天下父母一样心！

宝一定做了一个很长很长的美梦，因为她一直睡到了天黑。

广播里也在循环通知游客们烟花表演马上开始，请大家都到城堡前面等待。

在妈妈犹豫着到底要不要喊醒她时，她终于醒了过来，搓了搓眼睛，看了看已经一抹黑的四周，愣在那里若有所思。

妈妈猜她可能还没完全清醒，也暂时没反应过来自己在哪儿。

“宝贝醒了吗？妈妈在这里。”妈妈摇了摇她的手。

见她没有说话，妈妈想抱她起来：“宝贝，城堡演出马上要开始了。”再晚估计就没有好位置了。

只见宝神速弹起，手撑着椅子，把腿放下，伸出小脚，趿着鞋子，都来不及穿进去，三步并做两步，腾地一声坐到旁边的推车上，一气呵成，一仰头，道：“妈妈，快走，一分钟也不要耽误！”

妈妈已然错愕不已，因为看到了和平时不太一样，雷厉风行的霹雳宝，真是大开眼界啊！

夜幕繁星下，妈妈推着宝，在席地而坐的人群中，觅得一处位置，妈妈盘腿坐在地上，宝四平八稳地坐在她的专用座驾里。周围的灯光一盏盏地熄灭了，大家都把目光聚焦在黝黯的城堡上，翘首等待着。

突然，在伸手不见五指的一片黑暗中，从高高的城堡顶端，凌空冒出一个带着尖帽子，手执闪亮魔法棒的绿色夜光精灵，吊着细细的钢丝，向地面上的人群飞冲下来。在全场的欢呼声中，闻名遐迩的Wishes烟花魔幻秀开场了！

哇！

好漂亮！

迪士尼里的每一位经典角色，跨过漫长岁月，超越时空距离，在最令人熟知的情节里，以各自独特的方式，一一完美再现；城堡像一个硕大的彩色万花筒，闪耀着光彩夺目的烟花，动感十足的音乐，应接不暇的动画，超乎妈妈的预期一百倍，是妈妈见过的最魔幻最好看的秀，没有之一。

在迪士尼先生转身而去的背影里，霸气的爱莎女王动情唱起了风靡全球的电影《冰雪奇缘》主题曲“Let It Go”，冰雪中晶莹剔透又气势磅礴的宫殿投射在城堡上，四面八方燃起的烟花优美地照耀整个夜空。

璀璨炫目的光影一遍遍映在宝稚气的脸上，妈妈最最亲爱的孩子，请点亮属于自己的梦想，不跟随，不放弃，你所有的梦想都会实现！

深深被此情此景感染的宝问妈妈：“彩虹的尽头是不是有一大堆金子？”

“宝贝为什么这样问？”妈妈看着宝真挚的眼神。

“是维尼熊里的猫头鹰说的，真的有吗？”宝切切地想知道答案。

“哦，有可能哟，下次如果天边出现了彩虹，咱们就走过去看一看，好不好？”

“嗯！”宝爽快答应了。

妈妈相信，每一个人都被赐予了同样质地的天赋，只是分散在不同方面。

有音乐才华的人，总能接听其他人无法感应的电波；有绘画天分的人，泼墨挥毫，下笔如有神助；宝也相识的一个小姑娘，从入学伊始语文总是一百分，作文也是满分，才思泉涌的她说即使吃饭走路，脑子里也会像打字机一样，显示出句子附加标点符号。

妈妈希望长长久久地陪在宝的身边，能在一朝一夕，一箪一食之间，慢慢地发掘她的热爱与特长。

如果愚钝的妈妈一直都没能帮她提前洞察到，那么妈妈一定会温柔地目送宝走上那一座彩虹桥，找到那块属于她自己的金子。

妈妈会远远地，站在桥的另一端，红了眼睛。

妈妈的爱心提示

1. Wishes 魔幻秀开场时间分季节而变动，请确认节目单，提早到城堡前等待，不然好的观景位置都被占领啦。超炫的秀啊，过目难忘！

2. 白天和晚上各有一场特色游行，请参看当天节目单，晚上的游行因为梦幻的夜景，很灿烂哟！

3. 下载迪斯尼 APP ：https://disneyworld.disney.go.com/plan/my-disney-experience/mobile-apps/在App或安卓上搜disney world，一个深蓝色底白色米奇头像图标即是。（APP软件截图）

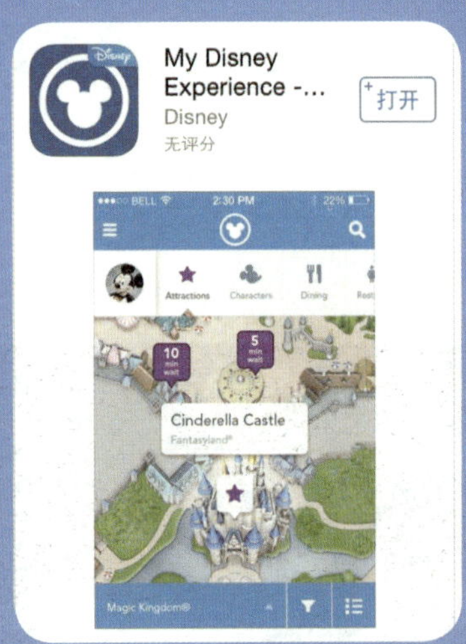

下载APP之后，可以直接在手机上查询地图，搜索项目地点与时间表，掌握排队等候时间，预订餐厅及浏览菜单，选择和更改FP等总之很强大！

好想绕着地球跑

宝喃喃自语地说了句人神不知的梦话，又一个翻身，把一只无影脚妥妥地搁在了妈妈的肚子上，被踢醒的妈妈就再也睡不着了。

不如再刷一遍今天的行程信息。

EPCOT其实是字母缩写，全名是Experimental Prototype Community of Tomorrow，寓意未来世界，由Future World和World Show Case两个区域组成。

妈妈带着吃饱睡香的宝，一到公园门口，就看见一个醒目的银色大球，凹凸不平的外观，极具现代气息。

就在这个大球里面，Spaceship Earth 展览在游艺间科普了宇宙万物的知识，讲述了从石器时代到计算机时代人类的发展；

Living with the Land，介绍了从茹毛饮血的原始社会到科技发达的今时今日，地球上农产品的更迭与进步；

Soarin， 堪称镇园之作，是坐在模拟的滑翔机上，将4D影像的加州绝美风光一览无遗地尽收眼底。

Journey into Imagination with Figment，是宝最喜欢的项目。坐上小火车，在一只卡通恐龙的带领下去了解我们如影随形的五官，形象生动地分解了每一个器官的功能及原理，比如路过NOSE，就会闻到一股不可言说无法评论的气味。

宝先是条件反射地捂着鼻子，然后就使出小粉拳乱挥一气，嘴里念念有词："如来神掌！如来神掌！"小火车开过一段新天新地，宝就绽放出旗开得胜的笑颜："妈妈你看，我把毒气都打回洗手间里去了！"志得意满地神情溢于言表。

园内还有一大片姹紫嫣红的花田，繁花似锦，芳草萋萋。

"宝贝，好看吗？"

"好看！苒苒齐芳草，飘飘笑断蓬！"宝率真一笑，文采含蓄，呼之欲出。

"哦？这句用得挺恰当，还有吗？"妈妈真是心花怒放。

“夜来风雨声，花落知多少!”被称赞的宝，脚下生风，欢快地冲来跑去。

鬼鬼祟祟的妈妈四处观望过往的行人，企图找寻靠谱的摄影师，逮住一个路人，抓起宝，拍了一张合照。

这个园最大的组成部分就是Worldshow Case——世界汇。绕着人工湖，依畔而建了十一个国家馆：墨西哥、挪威、中国、德国、意大利、美国、日本、摩洛哥、法国、英国、加拿大。

每一个国家馆都是具有本国特色的代表性建筑，馆内有的播放风光片，有的展示工艺品，还有原汁原味的各国特色餐厅烹饪着令人食指大动的美食，所有的工作人员都是由本国派送到迪士尼的。

如果时点刚刚好的话，还能看到每个场馆前的精彩表演，风格不一，不容错过。

妈妈和宝，慢慢地游赏这微缩的地球。每到一处，宝就以她有限的认知，做出惜字如金的点评：

经过加拿大，宝说：“枫叶，落基山。”

经过英国，宝说：“伦敦塔桥，London bridge is falling down。”

经过法国，宝说：“兰兰（我家邻居）的爸爸是法国人。”

经过意大利，宝说：“面条。”

经过美国，宝说：“自由女神，迪士尼。”

其他国家，宝说：“不知道。”

走到中国馆，看到霸气的朝阳门和雄伟的天坛，妈妈和宝不仅感到亲切万分，还顿时安全感爆棚！祖国的代表节目是让老外疯狂叫好的杂技！吸引眼球指数横扫全园，所向披靡！

“妈妈，这里是北京！是北京！”宝一边击掌一边呼喊。

妈妈，这里是北京！是北京！

“这里必然有中餐厅！”吃西餐永远都有种不能果腹的感觉，妈妈泫然而泣。

果然被我们找到了。

像回到自己家里似的，宝风卷残云般吃掉了大半碗治愈心灵的牛肉面，打着饱嗝表示相当满意。待妈妈也汤足饭饱后，宝终于说出妈妈担心她不好好吃饭而一直回避的大实话：

“妈妈，我觉得咱们中国人吃得比美国人好。”小嘴边还带着牛肉汤汁的宝正儿八经地总结。

“哦。”既然宝都发现了，就不要隐瞒了吧。

“妈妈，其他外国馆里，我最喜欢英国馆。”宝睁着亮晶晶的眼睛，擦着嘴，继续品头论足。

“为什么？”

“好看呗。”宝腆着浑圆的小肚子，一副故作老道的小大人样子。

妈妈也最喜欢英国馆，哥特式的优雅建筑，宁谧的英式风格，装扮成复古贵族的演员，绅士拄着精致的手杖，太太捏着白色的蕾丝伞，优雅地走过，诗酒田园一样的小屋，像是莎翁的故居。

英国馆外的表演，带着典型的类似憨豆先生的英式幽默，尽管宝不能听懂，但也能看懂他们夸张的肢体语言，搞怪的表情逗得宝捧腹大笑。

又带宝体验了几个不错的项目，每天哀怨地叫嚣着“不睡午觉，玩到关门”的宝，这回也爽快顺从地跟着妈妈坐上大巴回酒店休息了。

一进门，宝就一鼓作气地宽衣解带，哧溜进被子闭目就寝，一句多余的话都没有。目瞪口呆的妈妈不禁感叹，只要是孩子心甘情愿做的事情，小小的身体里也蕴藏着一股强大的力量啊。

今晚，宝有一个期望许久许久的约会。

这是在演什么呢？

妈妈的爱心提示

1. 中国馆内有一个名为“Reflections of China”的360度环绕式电影，介绍祖国大好河山的短片，看完倍儿自豪呦。

2. 中国馆内有两家餐厅，这也是在四个园里，味道最正的中餐厅了，一解乡愁和嘴馋！九龙餐馆相对价格贵些，相邻的牛肉面和快餐饭实惠一些。

3. Captain EO，是1986年由迈克尔·杰克逊主演的世界第一部3D电影，喜欢MJ的妈妈粉们不要错过呦。

4. EPCOT，是唯一一个没有游行的园。

妈妈，我要做女王

午睡起床的宝，换上了自己精挑细选的爱丽丝公主裙，用心洗了脸，抹上宝宝霜，对着客厅的镜子，梳顺了头发，戴上配套的“金镶玉”皇冠，捧着将要没脚拖地的裙摆，开开心心地准备赴约了。

在酒店大巴上遇到一个白人妈妈牵着黑人女儿，这位用心良苦的母亲，给掌上明珠穿上了迪士尼童话里一位黑人公主蒂安娜的衣服，清浅的绿色，配上银色的鞋子，美丽极了。

衣袂飘举的宝和“Tiana”相互微笑致意，抑制不住的喜庆和愉悦写在彼此的脸上。

两位宛若天仙的小公主是要去哪个神秘的地方呢？

半天月色半天云的EPOCT，此时细雨霏霏。

寻到挪威馆和中国馆之间，有一条青瓦石铺就的小路，踮着脚小心地走在湿滑阴凉的石面，像是一步一步接近逝去的久远时光。

道路的左侧，是一座大块石头堆砌的房屋，圆顶的拱形门，钻石形的路灯，雕花的招牌上写着“AKERSHUS ROYAL BANQUET HALL”，正中间是一座凸起的王冠，古老而神秘。

你好，女王陛下。

可真好看啊！

这是妈妈在国内守着电脑熬了两夜，才终于预订到的火爆餐厅。服务员穿着童话故事里的仆人装，有着泡泡袖的白色底衫，配有细花边的大红马夹，黑色大摆的金丝绒裙盖住了鞋子。

妈妈和宝被迎了进去。

屋里全是白漆色的石砖墙壁，酒红色的碎花地毯，格子的玻璃窗台上摆放着鲜花和烛台，典雅的橱柜上是精美的盘子和茶具，门边有一个咖啡色的木台，托着一本厚厚的镶着金边的书，彩色城堡的照片旁写着：很久很久以前。

另一边，细高的棕色木茶几上，放着一根鹅黄色的羽毛，像带着魔力，随时会悬飞起来一样。

很久很久以前……

六座的铜质吊灯下，是皇宫里深蓝色的华丽帷帐，等待客人的贝儿公主就站在那里，和慕名而来的小粉丝们一一签名留影。

宝从这一刻开始，就一直挂着甜蜜蜜的笑容，一副幸福的表情。

因为就在这里，聚集了灰姑娘、白雪公主、爱丽丝、美人鱼四位最有魅力的迪士尼公主。

每隔十几分钟，公主们就会带着全餐厅的孩子们又歌又舞地转一圈，还会分别来到每一张餐桌，和大家拍照签名，共进晚餐。

宝太喜欢这里了！

紧紧地拉着灰姑娘的手，和美人鱼说着悄悄话，和爱丽丝激情拥抱，让白雪公主签名后，还痴痴地望着她的背影。

你可真漂亮，我能抱抱你吗？

妈妈点的是牛排，配菜是一种美国豆角，宝是儿童餐烤猪排加玉米，丰盛的自助沙拉，包在主餐内，可自取。

妈妈：这么美味，可惜宝贝无心吃饭。

几位倾国倾城的公主似乎秀色可餐，使得宝没有心思吃饭。最后因为时间关系，才不得不一步三回头地跟着妈妈作别这家公主小屋。

公主姐姐，不要走，好吗？

穿着小雨衣的宝，饶有兴致地在水岸边等待闪耀大地的烟花秀“Illuminations: Reflections of Earth”（地球印象）。

黑茫茫的湖面上，凌空绽放的亮红色烟花率先闪耀大地；层层剥离的流光，摇漾应接的激光，在水面上谱写了一支炫目的夜光交响曲，闪烁、欢聚、飞腾、怒放；

在光影交错中，一颗变色发光的地球游转在水面上，两岸的国家馆，随着地球的转动，一个接一个地亮起所有的灯盏，像是回望大地母亲慈爱的注视。当所有的国家馆都灯火通明，当所有的烟火都五光十色地射向我们仰望的夜空，以地球为中心的整个湖面霎时亮如白昼，喷塑出一个朗朗乾坤、浩浩星月的新世界！

最喜欢看烟花表演了！

清风中，席琳·迪翁的“Promise”（《许诺》）响彻大地。

妈妈和宝，半天都没有回过神来，往出口走去，谁也没有开口说话，都还沉浸在刚才的心潮涌动之中。公园门口的银色大球上，用各个国家的语言打出的“再见”闪亮流转。

“妈妈，我希望爸爸是国王，妈妈是王后。”宝轻柔的话语，就像刚才公主餐厅里那根鹅黄色的羽毛，在星光熠熠的夜里飘进了妈妈的耳朵。

“宝贝是不是想当小公主？”妈妈被宝的童言无忌逗得哈哈大笑。

“不是，我想当女王。”

“哦？为什么？”又是一个把妈妈的惯性思维甩出几条街的答案。

“我不知道，我就想嘛，我还想当老师，我还想当音乐家，妈妈，好多好多事情我都想试一试。我还想邀请很多很多小朋友来咱们家一起做游戏，那多开心呀。”宝慢条斯理地叙述着，两只眼睛笑成了弯弯的月牙儿。

可爱的宝，你和你的小伙伴们都是这个星球未来的主人，你们每一个孩子都是将来主宰自己人生的“国王”和“女王”。不论将来会过怎样的生活，请守护好心中的童话，继续怀揣美好的愿景，在这个变化太快的年代，秉持信仰，做一个善良温暖的人。

妈妈相信，有了你们的世界，就有了薪火相传的希望，有了弦歌不辍的依靠，像那满月的华光，像那潮水的方向，纯美如斯，奔腾不息。

妈妈的爱心提示

1. 迪士尼世界有几家角色餐厅，Epcot里面的Akershus Royal Banquet Hall值得推荐，到这家餐厅，宝贝们都是盛装出席呦！需提前在官网上预订时间，也是越早越好。

2. 入住迪士尼酒店的客人，优惠之一是有Magic Hour，每天早上可以提前一小时进园或关园后多玩两小时，因为妈妈每天都让宝睡到自然醒，夜间也没有玩太晚，这项优惠从来没有落实。

3. 迪士尼园内的纪念品，据说和Downtown里是一样价格，公主礼服不论款式、大小都是统一价格，不过都是中国制造呦，OUTLETS里会便宜一些，宝贝们也可以在国内买好带到迪斯尼里穿。

4. 大地烟花秀ILLUMINATIONS: REFELCTIONS OF EARTH，大气之风，穿透心灵，也有游客认为更胜魔法王国里的Wishes魔幻秀，很有感染力，推荐！

扭扭腰，跳跳舞

今儿天气不幸被难得准确的预报言中，天空飘起了绵绵细雨，妈妈给宝穿上了迪士尼的白色小雨衣，宽大蓬松。

“妈妈你看，我像不像冰雪奇缘里的雪宝？”宝摊开双臂，满脸期待地等着妈妈的回应。

“像啊，太像了！”其实妈妈觉得更像一个白色的稻草人，但是宝一心衷情机灵的雪宝。

“哎！快接住我的屁股！”得到肯定的宝，把小手拢在嘴边，惟妙惟肖地说出雪宝在电影里的台词。

“好嘞！”妈妈一把抱起宝，放进了小推车里。

妈妈和宝要去的Disney Hollywood Studio，貌似是占地面积最小的一个主题园。进园的主路叫做“日落大道”，园内标志性建筑是一个巨大的米老鼠戴的尖帽子，深蓝色的帽子上镶着耀眼的黄色星星和月亮。宝每次看地图，都先找这顶帽子来定位，有迹可循，清晰明了。

入口处，有一个大约20分钟的导览，包括了经典电影巡游，经典电影场景和好莱坞的声色犬马与纸醉金迷。

HOLLYWOOD JUNCTION

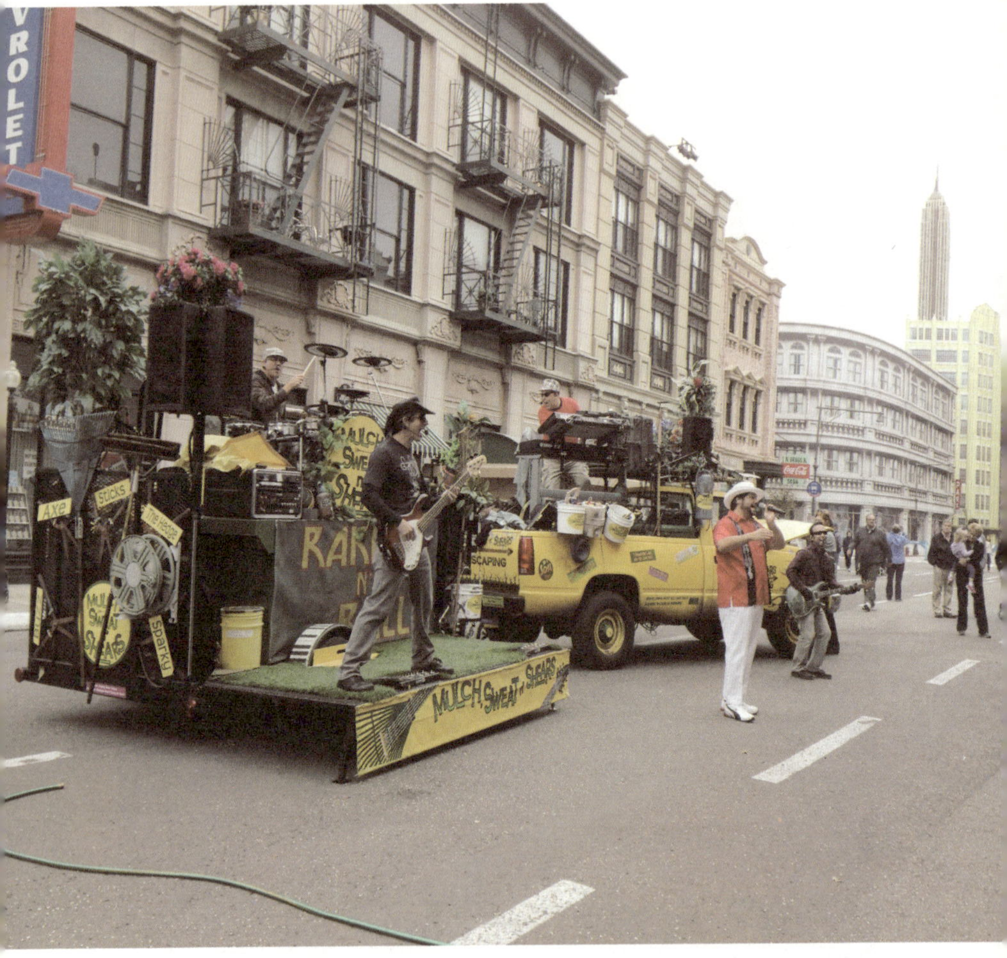
MULCH SWEAT n' SHEARS
Axe
Sticks
The Hedge
Sparky
SCAPING

沿着主路，能看见一辆汽车，车身被涂得五颜六色的，还装着微转的齿轮，比例失调的大花盆，混搭的几个油漆桶，乱七八糟的标签，还外挂着一片小小的草地。

花枝招展的车上除了有后现代的装饰，还摆着各式乐器，坐着鼓手和钢琴师，这是一个摇滚乐队的临时舞台，吉他手、贝司、主唱就站在车旁，一边摇晃身子一边卖力演唱。

宝啃着像小火炬一样的火鸡腿，也跟着节拍扭着腰，活脱脱一个中国版的小布兰妮；过一会又抡起胳膊来乱比划，再伸直手臂竖起大拇指，怎么那么像周杰伦附身呢？

当宝迈着凌波微步，把腿掰成Z字形，将牛仔裤的口袋掏出来，再塞进去，再掏出来，再塞进去，这个即兴原创的蛊惑动作，让凌乱的妈妈真心觉得音乐只要能征服人心，就不论国界，不论年龄。

我也会跳街舞哦！

妈妈，你看，那是米奇！

这个园最大的特色就是有一场胜过一场，场场爆满的秀。

Disney Junior Live on Stage，是只要看过《米奇妙妙屋》的孩子们就一定会非常喜爱的舞台剧。

全场是蓝色的墙壁，舞台是由黄色的钢管搭建的，背景是蓝色的夜幕上挂着一轮亮黄色的满月，整体色调和米老鼠的尖帽子很搭配。地上没有一张椅子，观众们都是随意而坐，舞台的中央是一本巨大的童话书，每翻一页就演绎一个新的故事，像是米老鼠在睡梦中的有趣旅行。

宝先是老实地坐在妈妈的腿上，仰着脖子看着引人入胜的表演，后来看到现场的小朋友们此起彼伏地站起来，宝也按捺不住地开始又唱又跳，家长们面面相乐，群起笑之。

走出剧院，宝淡然地用手指指一条路，做未卜先知状："咱们应该往那边走。"

"为什么？"

"妈妈没看见吗？大家都往那条路走呀？你看，每一个人，是不是？那边肯定有表演。"宝开始推搡着妈妈往前。

成群结队的游客都心照不宣地朝着一个方向流去，接下来就是Hollywood Hills Amphitheater的Beauty and Beast——《美女与野兽》！

那边肯定有表演。

宽阔的大剧场里，层层递进的半圆形大舞台，猩红色的幕布神秘上升，百老汇似的童话歌剧魅影就开始了。

在风雨交加的夜晚，英俊帅气的王子躲进了一块遮盖的黑布，一声巨响的炸雷，黑布应声落地，王子变成了一只狰狞凶猛的怪兽。

宝缩在了妈妈身后，两只手蒙住了双眼，从大大的指缝里，自以为神不知鬼不觉地偷看着；

更换了小镇的街道背景，美丽善良的贝尔穿着宝蓝色的裙子，系着洁白的围裙，挎着小竹篮子哼唱着好听的歌，中世纪打扮的路人们鱼贯而出。

宝安静地注视着如童话书般的情景；

贝尔的小茶杯、烛台全部都形象生动地在舞台上走来走去；带着高帽子，着装艳丽的服务员们拿着大勺子，转动餐桌跳起舞。

宝使劲地摇晃着妈妈的手欢呼着：“妈妈，我认识他们！他们都是贝儿的好朋友！”

当野兽变回王子，和贝尔一起回到华美的宫廷，所有的演员们都盛装参加庆祝舞会，瑰丽的蓬蓬裙如花瓣雨一样飞转，祥和喜乐的音律让幸福的感觉洋溢了整个剧场。

宝两手交叉握成一个小拳头，柔婉地斜托在小下巴旁，巧笑嫣然，浮想联翩。

“妈妈，贝尔是个勇敢的公主。”宝在遐想着：“我看过一个舞台剧，和这个有点像，一边唱一边跳，叫《永不退缩》。”

宝站起来，豪气云天地开腔歌唱：“就算我现在已经什么都没有，擦掉了眼泪，还是抬头要挺胸。面带笑容，不气馁往前冲，我越挫越勇，我相信有一天，你会回到我的身边。”

在剧场的通道台阶上，她高抬着腿，在原地踏着步，清晰高昂地唱着每一个字，毫不拘泥地卖萌，像自成路数的文艺先锋。

妈妈好喜欢宝那乐观自信的笑容，虽然她唱得有点走调，临时起意的伴舞动作也是稚拙天真，虽然她其实只有一个会聚精会神观看她表演的观众。

好多好多大人们在面对人生坎坷与世事苍凉，都不再说“傻话”，不再“痴人做梦”，不再做“没有用和不切实际”的事情，不再像没有受过伤害的孩子一般奋决狂歌。

妈妈好希望宝在以后的日子里，也能这样一路欢歌，唱出自己的心愿和坚持。即使没有人会在意，妈妈也会洗耳恭听，以后离开妈妈的身边，记住独一无二的自己也会听。

尽心尽力地生活，不是为了博得别人的关注，而是为了自己就算哭过骂过也永不退缩的今世今生。

妈妈的爱心提示

1. “Beauty and Beast——美女与野兽”的表演，建议不要在傍晚时间观看，因为夕阳刚好直射在舞台上，会很刺眼。

2. Toy Story Midway Mania！一款很真实3D类的射击游戏，在偶遇的美国游客强烈推荐下尝试，妈妈和宝贝都觉得确实很好玩，当然，排队的人也多。

3. 迪士尼水杯，在餐厅有卖的，分1天，2天，3天和不限期几种价格，有了它，就可无限续杯饮料、水、咖啡、茶等，也可灌到自己的水壶里。

好棒的特技赛车手！

由好莱坞特技演员表演的Lights Motors Action，是全园最有看点最火爆的秀!

全部实景搭建的表演场地，一排高低错落的矮层居民楼房，斑驳的墙看得出风吹日晒，彩色的窗户有的半开，有的关闭，不一样的阳台上，有的种花，有的放着躺椅，有的放着儿童自行车，顶层空地上还晾着一绳子衣裳，活色生香的住家氛围。

一层大多是挂着招牌的店铺，空阔的平地前有一个小型的码头，岸边搁置着货箱和救生圈，细长小河边停着一辆水上摩托。

鸦雀无声的这里，将要发生什么故事呢?

在一段揭秘特技拍摄的采访后，只听到发动机呼啸不断的声音，带来一黑一红疾驰追赶的汽车，以飞快的速度在场地里极速转弯和后退，眼看这两辆车就要撞上了，又迅速地分道扬镳;

突然闪出四辆黑车，连同前面一辆，五辆黑车开始围追红车，步步紧逼，红车里爆出枪声和火光，突然一个甩尾，冲出一条绝处逢生的路，拖着扬起的飞尘夺命而逃。

过了一会，红车又被一辆黑车逼回场内，只见场内一串串尾气混合灰尘的白色浓烟四起，突然黑车就从搭好的斜坡上，猛冲上去，悬空飞越了隔断，落到另一边斜坡上。

宝好似坐在弹簧上一样上窜下跳，大喊："好棒的赛车手！Very good! Very Good!"

咦？那个有点害羞的小姑娘到哪里去了？

一辆巨型卡车拉着联在一起的四个水果摊进场了，整齐地码着品种不一的水果，一辆卖鲜鱼的卡车也开了进来，密封拖车放下后门，里面冲出了一辆红色卡通车，啊！是《赛车总动员》里的麦昆！车身上写着火焰形的"95"字样，前窗玻璃上是两只俏皮的大眼睛。

宝开始发出如哨地尖叫，妈妈彻底地hold不住她了。

麦昆巡礼式地在靠近观众席的空地上转了几圈绝尘而去，红车不知何时冲上了卡车顶，从车顶发动，冲上天空，掉落在一堆事先准备好的沙包上。

真精彩！真刺激啊！

全套武装的摩托车手们继而登场了，和几辆黑车你追我赶后开火枪战，两辆黑车从并驾齐驱改成前后掩护，在不绝于耳的枪声中，汽车立起来，斜着45度角驾驶，只有右侧的车轮着地，左侧的车轮在空转。

宝肃然起敬，又惊又喜，也学着倾侧着身体，开始单脚跳，一边跳一边发出“呜–呜–呜”的声响，她太忘我了！

摩托车手们用双腿夹住车身，用手紧紧地握住把手，一个紧跟一个飞过了斜坡，然后其中一个跳上了水上摩托，在那条细长的河流里疾驰，哧开了滚滚的水花。

突然码头着火了，绊倒了一个飞驰的摩托手，全身都是火，在地上翻滚，一群工作人员迅速上去扑火营救，摄影师扛着摄像机，一直紧随拍摄。

整条小河都着火了，对面的居民二楼放下了一个斜坡，红车从上面俯冲下来，冲进了码头，引爆了预埋的炸弹，顿时火花四溅，只听到一声巨响，一朵金红色的火云带着升蓬的硝烟，惊心动魄地淹没了一切。

妈妈和宝都被这极具冲击力的视觉盛宴给震呆了。

当所有的赛车、摩托车和卡车全部四散停在场内，向观众致意的时候，宝兴奋地拍着小手掌，口中赞叹个不停。

后来，妈妈发现，宝在三层楼高的玉米林里玩滑梯时，她都加了一个小动作：先是手臂交叉坐在顶端，再往前一用劲，把双臂大大张开，迎风而下，像是一只敞开心扉拥抱世界的蓝色蜻蜓。

飞起来了，谢谢观看！

毛茸茸的，我喜欢你！

不要着急，一个一个来。

最后一个秀，是在倾泻的水幕中涌起一个透明水泡，彩色的米奇跃然而上，变成了无所不能的善战勇士和变幻莫测的魔术师。

当烟花再次燃放，演出到高潮部分，玩累的宝又在妈妈的怀里睡着了。在满满的观众席上，妈妈找不到可以平放她的位置，只能紧紧地抱着她。

为避开散场人群拥挤，在现场一阵高过一阵的欢呼声中，天空开始滴落起零星雨点，妈妈抱起盖着雨衣的宝提前离开了。

走到停车场，发现尽职的工作人员把儿童推车全部整齐地重新归置了！雨开始慢慢地变大，白天一目了然的停车场，现在就像是黑夜里一个堆满了密密麻麻棋子儿的大盘，而且很多棋子还长得一样！要到哪里去找我们的推车呢？

这将会是一场怎样的秀呢？

妈妈就快抱不动宝了，刚才还轻飘飘的雨滴也变成了有些重的雨点急促地打在妈妈的脸上，宝躺在雨衣下面，睡得不省人事，妈妈焦急地就快哭了，

真想猛揪一个工作人员，质问："为什么要这么做？为什么？为什么？"

所有的人都沉醉在精彩的秀中，还没有多少人提前退场。空空如也的停车场，妈妈只能带着"天助自助者"的想法三步一蹲，在这个大棋盘里移了好多圈，异常艰难地找到了宝的推车，还好上面放了背包，又撑了把伞，车身没有完全湿透，把雨衣给宝穿上，才把她放进了推车，向出口走去。

身后传来烟花在空中盛放的声音，妈妈回头看了一眼，真的好美啊，虽然刹那光华，却记忆永恒。就像生活中常有一些美好的存在，提醒自己辛苦一点也值得，刚才无人看见的狼狈也随着陨落的烟花，隐秘在深邃的夜空。

虽然宝没有看到最后，虽然妈妈一个人带着她远行，真的很累，但妈妈相信旅途中所有的点点滴滴，都会在宝的成长中留下永远不会抹去的印迹，这些看似无用的漫不经心的耕耘，终有一天会在她的生命中，全然绽放，芳香满地。

妈妈的爱心提示

1. Lights Motors Action! 绝对震撼，满分推荐！每天只有两场，请查看节目表。不要坐第一排，会溅水花。

2.此行最最悲催的教训：建议在儿童车上做醒目标志，因为停车的位置可能会被工作人员移动，否则大海捞针，麻烦大发了，深刻教训呀！

3.现烤火鸡腿，超大，像个小火炬！当时，宝贝新奇地连声大喊“我的天哪！”，很好吃哟，推荐品尝！

非洲大草原上的冒险

美美地睡了一觉醒来，宝忽闪的眼睛盯着天花板，像是经过深思熟虑，下了好大的决心，带着坚毅的表情，大义凛然地吐出一句豪言壮语："妈妈，回到北京以后，我想吃饺子。"

"宝是不是今天就想吃饺子？"妈妈乐了。

"嗯。"宝钻进了妈妈的怀里，又恢复了平时顽皮天真的脸，被猜中心思后藏起来笑了。

"妈妈努力找一下有没有中餐厅，如果没有的话，宝贝说怎么办呢？"

"那就有啥吃啥，谢谢妈妈。"

妈妈打开手机上的迪士尼APP，查询Animal Kingdom内的亚洲餐厅，搜索到一家，浏览了里面的菜单，嘿，真有饺子！老天偏心小馋猫，直接做了预订。

好好研究一下怎么走才能玩遍！

动物王国的标志是一棵根深叶茂的参天巨树，叫做Tree of Life——生命树，像是电影《阿凡达》里的潘多拉星球的母树，也确实树如其名，盘根错节，枝繁叶盛，郁郁葱葱，彰显着强大原始的生命力。

围绕着生命树，是发现岛的曲径，四周都是充满生物的景观，有罕见的加拉帕戈斯巨型陆龟，可爱的小狐猴和棉冠小绢猴，还有宝最喜欢的袋鼠。

Maharajah Jungle Trek——孟加拉虎丛林自助探险，是一片巧夺天工的实景南亚雨林，妈妈把推车停好，牵着宝一起慢慢地徜徉其中，鸟语花香，蝴蝶飞舞，潮湿而干净的空气沁人心脾，沿途的植被各有特色，大而阔的油亮叶子上还波动着晶莹的露珠，汩汩流出的叮咚泉水若有若无，夏虫呢喃，蜜蜂吟唱。

宝的心情一定很舒畅，因为她从头到尾都没有赖皮地说走不动，反而像一只矫健的小松鼠，轻车熟路地领着客人回到自己的家，只要发现了任何她感兴趣的事物，就摇手呐喊："妈妈，快来！妈妈，你怎么走得那么慢呀？"

Kilimanjarc Safaris，是动物王国里的重头戏。妈妈牵着宝坐上一辆可以跋山涉水的敞篷狩猎车，这是一次模仿在非洲乞力马扎罗草原里的远征历程，没有围栏的野生动物们就与我们并肩地自由漫步，确实是种奇妙的小小冒险。我们沿途偶遇了大猩猩、河马、犀牛、斑马、大象、瞪羚、狮子……

大猩猩，看过来啊！

你可真懒啊，河马！

看到触手可及的长颈鹿从我们的车旁信步走过，宝毫无违和感地向它挥手致意：

“长颈鹿，你好！”

“长颈鹿，你慢慢走哈，小心别摔跤。”

长颈鹿似乎听到了宝的呼唤，低下长长的脖子，叼了一片落在车窗前的树叶，抬起头看了一眼玻璃窗后坐在第一排的宝，然后扬起高高在上的头，又悠然走到路对面。

我看到你了，长颈鹿！

宝欣喜地看着这激动人心的一幕，开心地跺着小脚；而宝和长颈鹿心有灵犀的瞬间，也澎湃了妈妈心中的感念，孩子和动物都有着一种接近大自然的天生魔力。

宝第一次见到了鸵鸟！

“妈妈，鸵鸟为什么不跑起来？”

“因为，非洲动物的作息时间和人类不一样。现在刚好是鸵鸟想要休息的时间。”

“那它什么时候才会跑步？”

“清晨特别早，或者晚上稍微迟一点儿。”妈妈记得以前在一个非洲动物摄影师的专访里看过。

“啊，我真想看看鸵鸟跑得有多快？”宝有点失落。

“那一会咱们下车后，妈妈模仿鸵鸟跑步，你在后面追我怎样？”妈妈豁出去了。

“好！”宝又笑逐颜开。

车停在了非洲区，两只“鸵鸟”一路旁若无人地健步狂奔，狂野的土著表演截住了妈妈和宝的破竹笑声。

清一色的黑人演员，传统的部落服饰，腰间别着一圈动物皮毛，戴着用动物骨骼制作的项链，群情激昂地拍打手鼓，中间的艺人一如部落的酋长，朝两只冒失的“鸵鸟”微笑点头，露出了洁白的牙齿。

妈妈，小裙子是用鸵鸟的羽毛做的吗？

附近就是Kali River Rapids，这也是宝在过山车之后要体验的另一个大胆项目——激流勇进了！看到前方湿漉漉的游客一把鼻涕一把泪从出口走来，有的甚至把穿在身上的衣服像拧抹布一样汲出水，妈妈迅速给宝套上了小雨衣。

I am ready（我准备好了）！

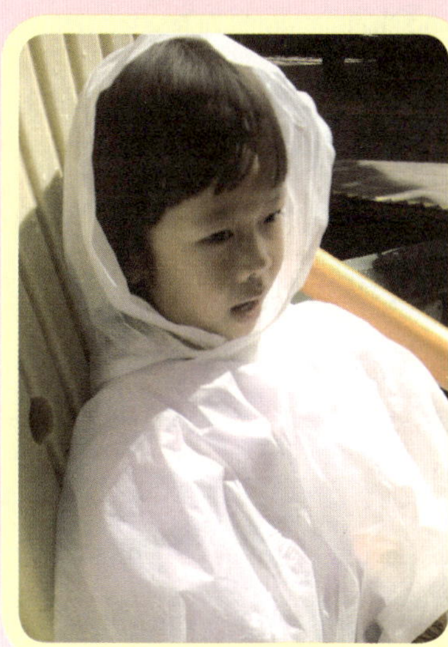

十二人座的圆形气垫船，宝说既像汽车的轮胎又像游泳圈，妈妈给宝系上了安全带，又反复检查了几遍，再把她的双脚放在中间的一个圆杠上，避免鞋子进水。

这个大轮胎在水中划向一个由一根根棍子拼接搭建的斜梯子，负重上升比较慢，激流两岸都是养眼的绿色植被，恰似一叶扁舟淌过森林山涧，快到最高点了，大家都彼此打气，互相比着V字胜利的手势，或竖起了大拇指。

“宝，快要开始往下漂了，are you ready（你准备好了么？）？”妈妈握着宝的手。

“Yes! I am ready!（是的！我准备好了！）”宝的另一只手握住了扶杠。

大轮胎攀到了最高点，没有任何的过渡，就以迅雷不及掩耳之势旋转着往下落，激荡起高高的水花浇在我们身上，轮胎底部很快就没进了水，感觉身体失重一样悬着船往下坠落，不时洒落的水溅在脸上，睁不开眼睛，大家都在夸张地尖叫，“哈哈哈，太好玩了！”牛仔裤都湿了半边的宝在欢呼大笑。

船在怒海狂涛中俯冲，前方有一

座桥，有几个“不怀好意”的游客正在守株待兔，站在桥上准备用水枪偷袭过往的船，大家还没从激流中彻底脱险，又遭遇了新的陷阱，喷射出的几条水龙毫不留情地直窜过来，我们被安全带牢牢地绑在座位上，无处躲闪。妈妈把头转向宝这边。

“哈哈哈，我不怕，我不怕，我有雨衣！”宝还故意把脸冲着“敌人”，完成了一次从头到脚，全方位无死角的洗礼。

到了终点，宝仍觉不过瘾，嚷着要到那座桥上去水战其他船。而妈妈一直寻思着，赶紧找个日照充足的地方，晾孩子。

当宝沐浴在晴暖的阳光里，学着小螃蟹横着走的样子，从左往右，又从右往左，前后迂回，让暖风和阳光熨烫着弄潮的裤子，看着在地上歪来扭去的小影子，宝开怀大笑。

妈妈希望宝永远都像现在这样，在逆境中向潮头立，勇往直前；不论遇到多少困难和敌人，都坚定地朝着太阳的方向，不染风雪，带着最灿烂的笑容，信心满满，无所畏惧。

妈妈的爱心提示

1. 老实说，动物王国里的亚洲餐厅饭菜有点差强人意，只有白米饭好吃，建议宝贝们尝试其他风味的餐厅呦。

2. DINOSAUR 项目是坐在摇晃的Ride里面，在黑暗中拯救恐龙，虽然做得不是太真实，但也不适合胆小的宝贝呦，而且妈妈个人认为没有太多意思呢，如果时间紧张，可以忽略。

3. KILIMANJARO SAFARIS，建议早上乘坐，不然动物们都呼呼睡大觉啦。

4. 动物王国关门时间早，也没有夜间烟花秀。如果是还有体力的宝贝们，可以直接搭乘大巴到DONWTOWN DISNEY转转，市区里有一个乐高店。

透过你的眼睛看到世界美好

十几年前，迪士尼皮克斯的电影《海底总动员》，为全球观众讲述一个温馨感人的故事，剧中尼莫的爸爸马林为了找到丢失的孩子，历经重重考验，在海底生物们的齐心帮助下，千方百计地从澳洲外海的大堡礁游到悉尼湾，终于和尼莫团聚。

宝非常喜欢叫尼莫的小丑鱼，喜欢善良可爱的多利，还有伟大勇敢的马林。

动物王国里的同名原创音乐剧，栩栩如生地再现了这部扣人心弦的电影。

幽蓝眩迷的舞台，炫动反光的泡泡，坐在观众席上的妈妈和宝，像乘坐一艘潜水玻璃船，进入了海底最深处的殿堂。

水中木偶们在这里尽情飞舞，在千姿百态的珊瑚群和五光十色的海草丛中，淘气的尼莫不见了。

马林遇上了记忆只有短短7秒的多利，经过锈迹斑斑的沉船，和凶恶的鲨鱼化敌为友，借力大海龟平阔的背而超速挺进，闯过有蛇蝎美人之称的水母方阵，在光影浮动的海底，带着所有生物的祈愿和祝福，执着地向尼莫的海域奋力前游。

另一边，被投进鱼缸里的尼莫，在四面水壁中，难过忧伤，飞翔的鹭鸶带来了马林正在找它的好消息，已经习惯了被透明玻璃阻挡自由的同伴们也全体触动，神一样的爸爸给了尼莫破釜沉舟的力量。

最后，在雷鸣般的掌声中，尼莫和爸爸终于团聚了！

妈妈看到宝在悄不声儿地抹眼泪。

“宝贝，怎么啦？”妈妈凑上前去。

“没怎么。”宝把头埋在胸前，不愿意让妈妈看见。

妈妈把宝抱进来，把纸巾递给她。“其实妈妈以前看《海底总动员》的时候，也哭了。”妈妈轻描淡写地说着。

“恩？是吗？真的哭了？”宝抬起头来，小鼻头红了。

“对啊，那个时候妈妈也在国外，想起了在国内的爸爸，也就是你的姥爷。”妈妈诚恳地看着宝，说了确实发生过的往事。

“我也想爸爸！”宝的眼泪扑簌扑簌地大颗掉下来。

“妈妈知道宝贝想爸爸了，我们一会给他打电话，妈妈会照顾好宝贝，过几天咱们就回家了，好不好？”

“恩。”宝哽咽着。

“宝贝其实是因为看了尼莫的音乐剧，被感动了对不对？”

“恩，我想起了我的爸爸。”宝抽泣着瘪住小嘴。

“是哦，妈妈也想起了你的爸爸。”妈妈抱起了宝，走进一家卖各种动物帽子的商店，给她轮番试戴了几顶，最后小鳄鱼帽终于让宝破涕为笑了。

嗯，大小正好合适。

很快，森林里的大游行马上就要开始啦！妈

妈拉着宝飞奔到人群中，哇，好多孩子都骑在了爸爸的肩膀上翘首盼望。

身高没有优势的妈妈观察到身后正好有一家礼品店，就进去借了一把椅子，垫上纸巾，把宝扶了上去，妈妈和宝就能勾肩搭背地看这场盛大的party了。

这是一场动物与人类和谐相处的欢聚，戴着俏皮小斗笠的大猩猩给沿途的人们送出了浑圆的“熊抱”，系着橙黄色领巾，挎着小面鼓的工作人员迈着轻快的舞步，张开五彩羽翼的孔雀，滚滚木轮上运载的大象，浑然一体的自行长颈鹿，几株橘红色的交缠大树，罕见的蓝紫色华盖，背着架子鼓的沙漠绿洲——骆驼，骑在猛虎之上的鹦鹉，寄托希冀的蓝白帆船，这些可爱的动物们其乐融融地汇集了无边的想象，把尾的米老鼠带走了我们久久追逐的目光，宝一直高高挥着的手，才恋恋不舍地放了下来。

“宝贝，这里好玩吗？”

“好玩！”爱憎分明的宝不假思索地回答。

“那和Magic Kingdom相比，哪个更好玩？”妈妈想知道宝最喜欢哪个园。

“太难选了，妈妈，都一样好玩，迪士尼哪里都好玩！”宝微微皱眉，苦恼地说。

话音刚落，身旁急匆匆地走过几个美国小伙子，义愤填膺一脸不屑地说：“Animal Kingdom sucks!(动物王国太逊了！)”

宝听不懂，但妈妈忍不住想，如此鲜明的对比，就发生在同一个时间，同一个地点，大人与孩子的视角是如此的截然不同。

妈妈常常透过宝的眼睛，去重新看待这个曾经爱过又恨过的世界，宝像蓄满了清澈泉水的泪眼，让妈妈获悉了她对爸爸沉甸甸的依恋；宝戴上新帽子后哭了又笑了的婆娑，让妈妈见证了她因细小的快乐而重展欢颜的能力；宝对周围所有事物不吝啬的赞美，全情地投入，让妈妈找回了自己那颗快要遗落在人间的初心。

透过宝灵秀的双眸，阅尽春的万物生长，夏的百花绚烂，秋的飘叶静美，冬的冰雪消融。

透过宝不染纤尘的心灵之窗，妈妈再一次看到了美丽的人生。

妈妈的爱心提示

1. 下午的游行“Mickey's Jingle Jungle Parade”，很赞！

2. “It's Tough To Be A Bug”是一个非常幽默的昆虫主题3D电影，带有特效，很不错！

3. “Flights of Wonder” 展示了鸟类各种令人赞叹的飞行，宝贝很喜欢看哟！

今天全都听宝贝的

一网打尽全部主题公园后，妈妈特意多留了一天，让宝自主安排全天的行程。

“宝贝，今天的计划由你来决定哦。”宝不知道何时把有点沉的椅子挪到了窗户边，自己攀了上去，正在细致地研究百叶窗。

“啊？是全都听我的吗？”宝不敢相信地问。

“对呀，玩什么，吃什么，都让宝贝拿主意。”妈妈又开始收拾永远也收拾不完的各种随身东西。

“哦，那我可得好好想一想。”宝摸索着开始转动调杠，让百叶打开又关闭，这个一张一合的小游戏，玩了好几遍，朝阳被筛进一丝一条金色的斑纹，漫到屋子里面。

“慢慢想，不着急，妈妈会等你。”妈妈发现宝从国内带来的小零食已经基本吃光了。

“我想到了，妈妈，还是去魔法园玩一天，我想再看一遍城堡烟花秀。”宝从椅子上跳下来了。呵！妈妈感觉她真是什么都懂！

“宝贝和我想得一样样哦。”

宝没有喊累叫坐车，而是自己推着小车欣然前往。沁透的阳光洒在铺满金黄色落叶的地上，宝像一只窜蹦的小白兔，嬉戏一般躲着妈妈的镜头，神采熠熠，情绪飞扬。

第二次来到艳蓝天空下的Magic Kingdom，较上次有的放矢，宝又去了一次挚爱的小熊维尼家，环游了小小王国，坐了飞翔的大象，找到指定码头搭乘了游轮。

然后，宝被一个街头的小丑表演吸引住了，坐在妈妈并齐的双脚背上，一见倾心地看。

一个伴奏乐队：亮埕埕的架子鼓上贴着“SILLY FOUR”(四个傻瓜)，四个鼓手清一色的红衫蓝裤，大头皮鞋，黄卷的假发，斗笠式的大帽子，宽宽的帽沿遮住了脸。

三个全副武装的小丑，都是浓墨重彩的脸和红色的圆鼻头。一个是蓝色的假发，像俩瓣橘子耷在头顶上，大蟒蛇一样的领带，从领结垂到膝盖；一个是黄色像洋葱似的一小撮头发，支在光秃秃的脑门上，穿着魔方一样的宽松背带裤，两只手像长在肩带上，始终端着；另一个是女生小丑，头发像一团红色的火云，别着一朵太阳花，一条同色系花裙子，惊世骇俗的笑声像着了火一样。

宝基本保持一个姿势，从头看到尾。

“宝贝很喜欢这个小丑表演哦，小丑那么丑，表演好看吗？”

“不丑啊！”宝反应敏捷，“他们很可爱啊！五颜六色的，可爱的人，哪里会丑呀？”

她的话，虽然没有刻意强调，却字字句句地敲进了妈妈的心。是啊，可爱的人，哪里会丑呢？

都说人是因为可爱才美丽，不是因为美丽才可爱。人尽皆知的一句话，妈妈又是忘到哪里去了呢？

看表演的孩子们，有几个举着雪糕吮吸咀嚼。宝舔舔嘴唇说："妈妈，我也想吃雪糕。"

"可以，但只能吃一根。"妈妈怕宝吃多了闹肚子。

"妈妈，你不是说今天做什么、吃什么都让我决定吗？我想回酒店房间拿冰桶去打冰块。"宝的烈焰灼目让妈妈的远忧近虑无处遁形。

老谋深算的妈妈没有料到宝剑走偏锋地晃出了这一招。

那么，好吧。

无冰不欢的美国，大人孩子一大早就喝冰水，据说彪悍的美国孕妇在妊娠期，产妇在中国特色的"月子期"也是百无禁忌地喝冰水。所以，美国酒店的每个房间也都配有一只打冰桶。

宝在地毯式探索房间的时候，显而易见地发现了这个有着皮质外表的圆柱形东西，打开圆盖子，内层像不锈钢或铝合金，套着一只保鲜袋，和咖啡壶一起并放在桌子上，看上去应该不像垃圾桶。

宝必然就发问了："妈妈，这个是什么？"她曲着手指弹了弹它，又用两个大拇哥摁了摁，望闻问切鉴定为："这个，像是沙发做的。"

当她知道地球上还有"打冰桶"这个玩意儿以后，就两眼放光，"哦"的一声，精灿灼眸里酝酿了无尽的欢悦与悸动。只是因为之前节目连轴，没有时间来搭理房间内的物件。

宝想要深度体验的热情，经过持续几天的低温燃烧，在这个“自由日”的天时、地利、人和之下，终于发酵了。

宝气宇轩昂地托着打冰桶，小碎步跑到了酒店餐厅的饮料台，妈妈把她抱起来，压下冰块机的按钮，冰块就噼里啪啦地掉进了桶里，差不多装有两个半冰棍体积的时候，妈妈住手了。

“妈妈，我想一边吃冰块，一边看动画片！”她把手指碰了碰冰块，放在嘴里舔舔，又眼疾手快地盖上，像稀世珍宝似的护着打冰桶，不忍心大快朵颐的样子。

当宝坐在酒店前台，看着永不完结的《米老鼠和唐老鸭》，砸着嘴享用着清凉的冰块，那喜不自胜的小样儿，就像大老爷们一边喝着冰镇啤酒一边看精彩的世界杯。

是米老鼠和唐老鸭！

宝后来没有腹泻，也没有头疼脑热，她度过了自由散漫又愉悦无边的一天。

“宝贝，今天要早睡哦，明天我们就要离开迪士尼了。”妈妈和宝在酒店的园子里溜达，再细细地赏玩一下这里。

“妈妈，咱们以后还来这里吗？”宝低头看着自己的影子，也有些不舍。

“那宝贝还想来吗？”

“想！”宝毫不迟疑地响亮回答，把两只手臂用力舞向一个方向，像在心中的预约清单上拍上了大大的手印。

嘻嘻，看我的狮子脸。

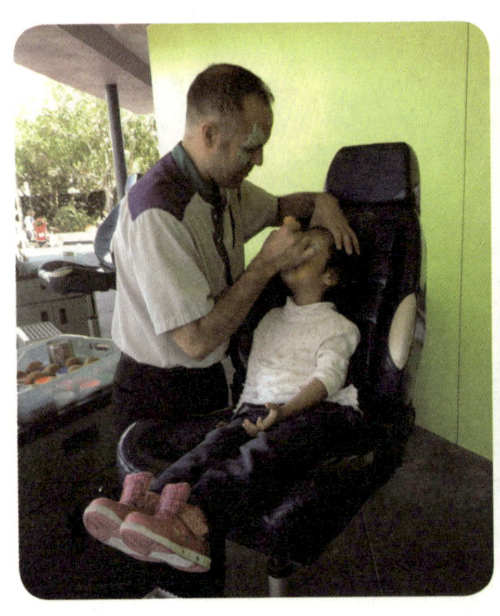

传说每一个去罗马的人，都会到达幸福喷泉，在许愿池扔下一枚硬币，虔诚许下三个愿望，而最后一个必定是："重返罗马"。

天边的云朵心意相通，也感怀般地不愿移动，而脚边一丛丛野花烂漫开放，好希望时光从此停驻。

"再见了，米妮、米奇、唐老鸭和黛西；再见了，小熊维尼、屹耳、高飞！"在夕阳泻满鹅卵石的路面上，宝把尾音拖得像山谷回声，她在做深情的告别。

哪年哪月，若还有机会，妈妈和宝一定会重返奥兰多。

可不可以对着打冰桶许愿？

妈妈的爱心提示

1. 迪士尼门票分一天一个园的basic ticket和一天四个园的park hopping，价格常有调整，以官网上为准，买的天数越多越划算，如果入住迪士尼酒店，还有Package套餐，比分开单订多一些折扣。

2. Dining Plan：迪士尼园区里只要加入这个餐饮计划的餐厅，在限定的时间里，早中晚餐都可以免费享有，有些较热门的餐厅还需提前预订。如果宝贝的食量比较小，整体的Dining Plan不太划算，可以考虑单独用餐。

3. 迪士尼旗下酒店分为尊享（250美金以上）、中档（170-250美金）、亲民（0-170美金）级别。

4. 妈妈和宝住了两晚Disney's All-Star Movies Resort，和六晚Disney's Caribbean Beach Resort，赶上春假特价，定五晚赠送一晚。

整体感觉，亲民酒店人多，住宿餐饮集中，步行都能到达。中档酒店整体品质更好，但房间、餐厅、前台都相隔较远，虽然可以搭乘酒店内部巴士，还是有些不方便。

一起看电视真开心。

航班取消了

一些去过的朋友都盛赞夏威夷，许多旅游书里也把它列进了一辈子一定要去的地方之一。

可是奥兰多到夏威夷没有直飞航班，最快也要在休斯敦转机，还相隔几小时的时差，看着天真无邪的宝，还是有些担心的，自叹有个爱折腾的妈妈真是伤不起啊，奈何出门在外，舍不得孩子就去不了远方。

凌晨两点半，妈妈和宝都起床了，只见她拿着迪士尼的条形码，仔细地一条一条地撕下来，横七竖八地贴在每一件行李上，小手指还差点被粘在一起，妈妈并没有要她这样做，所以就问：“宝贝在干嘛？”

“我在给行李做记号。”宝奶声奶气地回答。

“为什么呢？”妈妈明知故问。

“在机场取行李时，转盘转呀转，妈妈就能一眼认出来了，妈妈，你说我聪不聪明？”宝总把妈妈逗乐。

更深露重，妈妈把所有的厚衣服都给宝加上了，在房间里等着预约好的酒店服务员上门接我们。

宝揭开窗帘，探头探脑像个小侦查兵：“妈妈，外面黑漆漆的，什么也看不到。”

门铃响了，宝跟在妈妈身后去开门，是一个黑人waiter，宝落落大方地向他抬起了小手，摆一摆算是打招呼了。他拉着一个拖车，把我们的行李一件件放了上去。

“宝贝，咱们今天是飞夏威夷，但是呢，没有直达的航班，所以要坐两次飞机，先到休斯敦转机，明白吗？”妈妈和宝说着今天的行程安排。

“啊？休斯敦？那不就是豪哥的家吗？”宝很自然地反问。

“谁是豪哥？”妈妈如坠雾中。

“林书豪啊！”宝那口气像在提她的同班同学似的。

“宝贝怎么会知道林书豪的？”妈妈更奇怪了。

“我爸爸说林书豪是他兄弟！”宝自然而然地说着，妈妈差点一个踉跄从电瓶车上摔下去！

“哈哈，爸爸是开玩笑呢！”原来始作俑者是爱搞笑的爸爸。

“不对，林书豪就是他兄弟，我爸爸说他的外号也叫豪哥！”宝极力申辩，她是完全信以为真了。

“呃。”回国以后，妈妈得找爸爸沟通一下了。

“豪哥是7号！我和爸爸一起看篮球比赛，我就一直找7号的衣服，最后被我找到了！”宝还在侃侃而谈，妈妈啼笑皆非。

在酒店前台巧遇准备飞往纽约的Christina一家，互相问候之后，Christina很热心地表示，一会儿到机场帮我们办理check in。

宝和Christina的孩子们一同坐着看了会儿百年不衰的动画片《米老鼠和唐老鸭》，机场大巴就来了。

凌晨的奥兰多机场，灯火通明，人头攒动，确实应验了行李部服务员的话：“迪士尼世界永不眠，任何时间的航班，都管接管送。”Christina好心地让妈妈和宝排在前面，实属盛情难却；但鉴于大家起飞时间都差不多，妈妈提议不如一同办理以免误机，就在并排挨着的美联航窗口，如果需要帮忙，也相隔不远。

轮到我们了，妈妈拖着箱子，宝推着小车，一起走上前，把两本护照递给一个大约四十多岁，系着鲜丽的丝巾的瘦削脸型的女士。妈妈看了看她胸前贴的名字：Sara。

Sara 接过护照，瞟了妈妈一眼，就低下头在电脑上操作，妈妈突然听到隔壁窗口的Christina在高声说话，表情有些愤怒，过了一会儿拖着箱子走过来，拍拍妈妈的肩膀说：“Are you OK? I will be right back（你还好吗？我马上就回来。）”

妈妈见状，心中升起不好的预感，就问sara：“What happened?（发生什么事了？）”

“The computer system is breaking down，we might not do the check-in for you，I am so sorry.（电脑系统坏了，我们现在恐怕不能为你办理登记手续，抱歉。）”

“Oh， what shall I do？ I have one kid with me.（啊？那我该怎么办？我还带着一个孩子。）”

她探了一下身子，目光游离在柜台外，看到了个头还不及桌台高度的宝。

“宝贝，和这个阿姨说 Good morning。”妈妈当时有点慌乱，事后想想，这个行为好像是在证明宝不是一个卡通娃娃，而是一个有血有肉的真孩子，好吧。

“Good morning！”宝豪爽地打了招呼。

“Hold one second， I will see what I can do for you.（等一下，我看看能怎么办。）”Sara像中枪一样，迅速反弹回电脑前。

过了一会儿，妈妈看见怒发冲冠的Christina拖着箱子又回来了，在之前的那个窗口指手画脚地交涉。

她们针锋相对地你一言我一语，让妈妈也着急起来，又看了一下步步紧逼的时间，就催促Sara进展的怎样。

Sara坚定地回答：“It's ok， just wait a moment please。”（没问题，请再等一下）

“宝贝，阿姨在帮助我们办手续，你和她说：‘你是我的天使。You are my angel！’”

“You are my angel！”听话的宝，抛着媚眼，“滋滋”地放着电。

Sara仰天大笑了一声，周围像打仗一样剑拔弩张的气氛，顿时轻松了不少。

当Sara亲切地把两张登机牌交到我们手中时，妈妈终于松了一口气，很想拥抱一下她，可惜被柜台隔住了。

当飞机从地面倾斜着飞升至平稳，宝又枕着妈妈的腿，开始昏睡。

妈妈心里盘算着：谢天谢地，赶上了早班机就成功了一半！一会儿到休斯敦，只要找到转机口，按时登机就万事大吉了！想到这里，妈妈也不禁开始打起盹儿来。

睡眠中的时间总是过得特别快。下了飞机，妈妈支开小推车，挂上所有的包，火速冲向下一个登机口，为保证不再走错耽误时间，妈妈抓住第一个见到的美联航工作人员就问：“Excuse me, where is the gate E?（你好，请问E登机口在哪里？）”

“Oh，the flight is cancelled。（那个航班取消了。）”

简直就是晴天霹雳加五雷轰顶有没有！妈妈整个人就定在那里！不太相信也不能相信！

也许是这个人搞错了呢？虽然心知肚明，工作人员不会信口开河，但还是抱着一丝侥幸的心理，像拼命要够到最后那根救命稻草一样，一路小跑地冲向机场大屏幕，瞪大眼睛，全神贯注地盯着滚动信息，生怕错过任何一行，最后跳出来一排令人心灰意冷的字：“Honolulu cancelled!”

妈妈的脑袋“轰”的一声就炸开了！欲哭无泪地看着一无所知的宝，和这么多的行李。在无亲无故的休斯敦，航班取消了，我们娘俩儿要何去何从？

难道，真的要去找“豪哥”吗？

即使很生气，妈妈还是要给读者朋友们一些提示：

1. 迪士尼的工作人员会到酒店房间门口接客人去机场，行李多也不要担心拿不动哟，小费随意。

2. 美国境内的航班，都可以在国内预订并付款，凭护照登机。

3. 美联航的里程，可以累积在国航积分里，要提前出示会员卡哟。

为了更好玩的，就必须坚持在路上

无奈且愤怒的妈妈瞪着美联航客服点，天哪！那里已经排起了长队，几乎都是来投诉的。

当有一个挂着“SUPRERVISER”牌子的负责人经过时，人群就开始躁动，七嘴八舌地抗议。妈妈和宝也站在其中，终于领教了臭名昭著的美联航。

好不容易轮到我们了，工作人员Jenifer面无表情地说：“是的，航班取消了，可以给你们提供免费酒店，明天再飞。”

“当然不行！”妈妈直接拒绝，“我们已经订好了今晚入住夏威夷的酒店，并已付费，你们负责赔偿吗？”

“稍等，我看看有没有其他调整的航班。”Jenifer一脸不悦，但是依然在忙碌着。

妈妈拿出水果给宝吃，焦躁地等待着。

像过了一个世纪那么久，妈妈的腿都站麻了，宝却还在身边蹦来跳去，玩得不亦乐乎。

Jenifer提出一个解决方案，当天下午6点有从旧金山飞夏威夷的航班，目前还有大量空位。妈妈和宝可以从休斯敦飞往旧金山，去搭乘那趟航班。

但问题是从休斯敦飞往旧金山的航班，目前还不确定是否还有空位，所以，只能给我们两张STAND BY的登机牌。

也就意味着，妈妈和宝必须在登机口待命，如果飞机满员，我们就要再回到这里，继续等待；如果飞机还有空位，我们就能飞往旧金山，搭上那趟去夏威夷的飞机。

妈妈别无选择，只好同意。

这前途未卜的一整天就得耗在机场了，垂头丧气的妈妈带宝坐在椅子上，给她喝水。

“宝贝，航班出了点问题，妈妈刚才着急了。”

“妈妈为什么要着急？”宝很平静地问。

“因为咱们可能要多坐一趟飞机了呀。”妈妈还是耿耿于怀。

“啊？这么好哇！一天坐三次飞机真是太酷了啊！”宝居然像中了彩票一样兴高采烈。

“可是宝贝在机场待的时间会比较长，妈妈有点担心，你OK吗？”

“OK!”宝咕咚咕咚地喝着水。

宝喜出望外的神情，让妈妈一怔，虽然宝可能还不甚了解事情的来龙去脉，但她的淡定令妈妈顿生几分羞愧，觉得自己刚才真是太没有风度了。

又回到登机口时，宝自得其乐地跨着地上分划区域的标志线玩，妈妈一边看着她，一边等着广播喊我们娘俩儿的名字。

终于，这趟飞机还余两个相隔甚远的空位，妈妈果断拉着宝上了飞机，还在搜寻位置时，一位亚裔空姐就帮助我们调换了两个在一起的座位，妈妈真是太感动了。

准点降落在旧金山机场，时间又要往前拨一个小时。

这么长的待机时间，做点什么好呢？

妈妈和宝又不紧不慢地转悠到了另一边，在一百多米的通道两侧，有两排明亮的玻璃橱窗，里面满满当当的全是玩具。一问才知道，居然是个规模不小的日本玩具展。把这里所有的参展玩具都看了一遍，妈妈和宝贝就又坐在了登机口前面。

“宝贝，跟着妈妈旅行累不累？”妈妈还是有点担心宝吃不吃得消。

“累。”宝脱口而出。

“那以后还要不要跟妈妈一起？”妈妈的心情好复杂，还带着一丝心酸。

“要！”宝毫不犹豫。

“为什么？”

“为了更好玩的，就必须坚持在路上！”宝说得掷地有声。

“宝贝这样说，妈妈都心疼了。”

“妈妈，其实我更心疼你。”宝上来亲了一下妈妈的脸。

哇！妈妈感到一种莫大的安慰，也霎时觉得美联航不那么可恶了。真是一趟不错的旅行呢，宝转眼之间就长大了好多，天空飘来了几个字：“孩子懂事了”。

妈妈深深地陶醉在这种充满爱意的氛围中，片刻轻松过后，突然看到宝神色慌张地扑过来，紧捏住妈妈的鼻子，妈妈只能发出阴阳怪气的变调声音：“宝贝……在……干吗……呢？”

“妈妈，我准备放臭气，不想让你闻到。”宝一脸严肃。

“那宝贝为什么不捏自己的鼻子？”

没听到声音，只见宝的表情凝固了一下，瞬间笑成了花，放开妈妈，摆着小手说：“妈妈，来不及了，来不及了。”她两只手穿进塑料袋，左右甩着，像在跳着山寨蒙古舞。

妈妈真是无语问苍天，这一前一后，一会儿像天使，一会儿像魔鬼的真的是同一个孩子吗？

咦，里面是什么啊？

第三次上了飞机，天已经黑得什么也看不见了，本来满心期待的窗外景色也因为拖延的航班无法观赏到了。

宝却依然很振奋地说："妈妈，我们飞在太平洋的上空耶！"说完就很快地又酣然入梦。

当飞机下降，空姐在发放入境夏威夷的登记表时，俯瞰地面的万家灯火，妈妈的一颗心终于放了下来。

自从一个人带宝踏上美利坚之旅，妈妈每天都在观察她的状态，做好了随时改签机票打道回府的准备，没想到宝越战越勇，在妈妈慌里慌张的今天，她却津津有味地吃着飞机餐，还美美地睡了三次小觉。

在飞越了四个不同时区的城市后，我们娘俩儿终于安抵充满魅力的夏威夷。

终于到了吗？

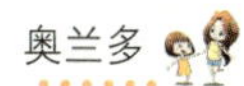

妈妈的爱心提示

1. 还是那句话，宝贝远比我们想象中坚强和勇敢，完全出乎妈妈的意料，在旅途中的锻炼，会让宝贝更棒！

2. 旧金山华人众多，机场有几家特别正宗的中餐厅，宝贝吃得特别香哟，好像加油站一样，能量补充得满满的！

3. 飞夏威夷尽量选白天的航班，可沿路欣赏壮美的太平洋景观。可惜因为延误的航班，妈妈的如意算盘打乱了，但是看到在考验中快速成长的宝，妈妈依然觉得所有的劳累与付出都是值得，怨气化为乌有。也预祝日后前往夏威夷旅行的宝贝们旅途顺利，航班准点！

The Fourth Stop Hawaii

夏威夷

看到你就有美丽心情 准备带你一起旅行

卡胡拉韦岛 潜藏着魔力

带你去逛夏威夷 陪你一起浏览风景

召唤魔力咒语 寻找着梦境

这么多的岛呀！

因为昨天飞了三次，妈妈今天什么行程也没有安排，只打算带宝到沙滩上饱晒一顿日光浴，吃喝玩乐。

精力充沛的宝，凌晨四点就醒了。

窗外，新月如勾，泛着清冽的光辉，从高楼往下看，只见无声的街道，万籁俱寂，天还太黑，不宜出门。

眼冒金星的妈妈拿起《国家地理》，揽着宝靠在床背上，给她介绍我们身处的夏威夷："宝贝原来看过地图对不对？夏威夷群岛就在太平洋中间，一边是美国，一边是中国。"

"恩，咱们昨天就是在太平洋的上空一直飞，一直飞。妈妈，你看我……"身上喷满花露水的宝把小手指并拢在一起，做着飞翔的动作。

"对，夏威夷群岛有124个小岛，8个大岛。"妈妈就快被宝身上的香味儿给熏晕了。

"哇，这么多呀。"宝露出一副不可思议的表情。

"对啊，这么多岛加在一起，所以就叫群岛，它们全部分散在浩瀚的太平洋上，宝贝说这些岛看起来像什么呢？”

“妈妈，有点像大黄鸭妈妈，带着一群小鸭子宝宝在游泳。”宝眯缝着眼睛，好像正在想象她描述着的画面。

“哦？像宝贝在洗澡吗？”妈妈惊呼着，故意提高了音量。

“不是嘛，我说的是好像嘛。”宝哈哈笑着，妈妈轻轻一碰，她便笑倒在床上，捂着肚子笑得停不下来。

绵延400多公里，斜跨北回归线的夏威夷群岛就是马克·吐温笔下停泊在海洋中的最可爱的岛屿舰队。

夏威夷全州80%的人口都集居在怀胡岛，大部分游客来的也正是这个州的首府所在地——檀香山，又称为火奴鲁鲁（Honolulu）。

静待天亮，把宝喂饱后，才可以去探寻最负盛名的威基基海滩（Waikiki Beach）。

酒店楼下有一家特色早餐店，提供美式、英式和夏威夷本土早餐。

那几天，这家餐厅每早开门营业的第一拨客人就是妈妈和宝，吱呀一声推开门的服务员，看到我们就露出热情的微笑。

点一份大份早餐，就够我们两个人吃了。方方正正的九格木盒里摆放的是茶叶，红茶、绿茶、花茶和水果茶。

宝吸着果汁，妈妈泡了一杯茶，就开始了夏威夷慵懒闲适的一天。

Waikiki的区域很小，按照酒店大堂提供的地图，只要拐一个弯，走过一条不长的街道，就能到达海滩，前后不到十分钟。

每天妈妈和宝都能走上好几遍。

过马路时，行人可以按一下路灯灯杆上的一个圆钮，那么行车道上的红灯就会亮起，车停下，斑马线上的人流就穿行而过。

好奇的宝是第一次见到这个装置，每次经过这里，都会从小车中跳下来，抢着使劲儿按，看到灯变了颜色，就又迅速地再跳回儿童车，伸手往前一指，道："妈妈，快快快！过过过！"

骄阳、碧海、椰林，曾在电视风光片里遥不可及的夏威夷，确实美，美得开阔，美得让人震撼。

宝看到一大片沙滩，就迫不及待地脱了鞋子，赤着脚撒着欢地跑开了。拎着小桶追逐着海浪，舀出半桶海水，再边走边摇晃地泼出去了大半，只剩下浅浅的一层，然后再乐此不疲地倒进沙坑里，和成或稠或稀的泥。

有时候，宝能立起一个土堆，她说那是城堡；有时候，宝捏成一个泥团，她说那是娃娃；有时候，宝做了好多菜，好吧，那是一桌子满汉全席，哦，宝说不是，那些全都是她烤的蛋糕。

传说夏威夷有着世界上十三种气候带中十一种的天气。

说话间，倾盆大雨不期而至。

妈妈拦腰抱起宝，狂奔到咖啡厅的屋檐下。乱雨把我们松散的头发弄湿，结成一缕一缕的，沾在额头上。再看宝，手上的泥浆也不知道什么时候被不小心抹到了脸上。

小泥猴儿宝问："妈妈，下雨了，海水会不会涨潮？"以前妈妈和宝说过涨潮时不能在海边玩。

"下雨了，海水会变多，但是涨潮不是因为下雨造成的。"

"那为什么会涨潮？"

"因为地球和月亮之间的吸引力，海水会涨潮，也会退潮。"

"妈妈，涨潮的海水像小青蛙一样，一步一步跳过来。"

"那退潮呢？"

"像小青蛙一样，一步一步跳回去。"

"妈妈觉得，涨潮像美人鱼掀起的裙摆。"

看我的舞姿！

“世界上根本就没有美人鱼。”宝侧着头，言之凿凿。

“哦，美人鱼虽然是童话故事里的人物，不过大家都知道她的样子，也都知道她住在海里，所以也可以用来比喻。”

“嗯，涨潮还像海里的珊瑚倒下来，退潮又像珊瑚直回去。”

“是挺像的，珊瑚倒下来，海水就涌上岸了是不是？”

“妈妈，有了，我又想到一个，涨潮还像鲨鱼把海水吞进去，退潮像鲨鱼又把海水吐出来。”

……

雨过天晴，云开日出。

那天的傍晚，看着海边的落日，妈妈再也不像从前那样脑子里只能反应出“血色残阳”“夕阳无限好”这样的词句。

因为在金色的光芒之中，潮波滟滟，宝说：“妈妈，快看，大地母亲来接太阳宝宝放学回家了。”

妈妈的爱心提示

1. Waikiki海滩区域不大，完全可以步行，不需要租车。如果想浏览城市全貌，可以选坐不同路线的彩色叮叮车，也是蛮不错的体验哟。

2. 岛上的日本居民很多，日餐随处可见，比较接近中国人口味。此次旅行宝贝就认准了一家日本餐厅，只要走到门口附近，老板娘就会热情地跑上前开门说："妹妹，你又来啦！"

3. 夏威夷是一个适合买一朵花儿戴，慢慢游走，甚至是发呆遐想的海岛，五星推荐！

4. 特色首饰制品包括黑珍珠和红珊瑚，但传说价格已被游客炒得很高，妈妈们要紧紧地捂住信用卡哟。

长大后我要当草裙舞老师

夏威夷著名的草裙舞，妈妈想带宝去看。

咨询了酒店前台对面的旅游预订部，得知往返波利尼西亚村要两个小时，而且表演结束大概就到了夜里10点，甚至更晚。

工作人员建议不如到附近的Hilton酒店去观看演出，反正内容大同小异，而且只要步行十五分钟就能到，从傍晚6点开始，两个半小时结束，还免费提供一次自助晚餐。妈妈想让宝早点睡觉，权衡再三，就买了距离最近的票。

之前也没看过草裙舞的妈妈，没有办法提前给宝做介绍。

“宝贝，晚上要看一个跳舞的秀哦。”妈妈把票递给宝看。

“跳什么样的舞？”

“妈妈也没看过，是叫草裙舞，那演员们应该都穿着草裙跳吧。”

“妈妈，是不是因为古代的人没有衣服，所以就把草编成裙子，穿在身上？”

“对呀，那个时候世界上还没有发明出来布料呢。”

“妈妈，《小问号》里说电灯是爱迪生发明的。”看来宝在幼儿园里学到不少知识呢。

从我们的酒店到Hilton，要经过一片郁郁葱葱的小树林，绕过树林再穿过一条马路，在一家卖黑珍珠和黑珊瑚的珠宝店旁，有一个大概只有一人宽的小滚梯，上去就到了Hilton的二层，富丽堂皇。

演出在露天的顶楼上，穿过又深又长的铺着深蓝花色地毯的走廊，推开白色精致的双扇门，就豁然开朗。

场地正中间是一个墨绿色的T形舞台，联着一个尖顶深棕色茅草屋，象征着波利尼西亚人“原始的家”。其余空地，摆放着一排排整齐的长方形西式餐桌，清一色洁白的椅子，绿色的桌布和白色的桌布有序地隔开了中间和两侧的观看区域，黄色餐布卷着刀叉井然摆放。

最旁的两边，是一竖条自助取餐的凉台，顶棚搭着厚厚的茅草，放盘子的小圆桌上铺着豆绿色的布，上面放着深浅不一的棕榈叶子。

身穿画着椰子树短袖的工作人员给妈妈和宝都戴上一串色彩鲜艳的花环，还有一串贝壳项链，因为提前到达，被安排在了靠中靠前的位子。

“妈妈，为什么要给我们戴上花环和项链？”宝拿起胸前的贝壳，挂在了嘟起的嘴上。

“这是波利尼西亚人欢迎客人的礼节。”妈妈把贝壳从她嘴上取下来。

“啊？玻璃米稀拉人！”宝初次听到这个词，觉得很滑稽。

“不是玻璃米稀拉人，是波、利、尼、西、亚、人。他们以前就生活在夏威夷。”

“我想给他们取个新名字，就叫——波波人！”宝又开始思维发散了。

“哦，波利尼西亚人打招呼时都是说——阿罗哈！”

宝的小嘴马上圈出了一个O字型，作出很惊讶的样子，然后仰头大笑：“哈哈哈，阿罗哈！阿罗哈！阿罗哈！”

“所以夏威夷还有一个名字叫——阿罗哈之州，在很多年前，夏威夷还叫——三明治群岛。”妈妈蓄谋已久了。

果然，宝笑得更过分了：“哈哈哈，三明治？难道岛还能吃吗！哈哈哈哈！”

“德国还有一个城市，叫汉堡，就是汉堡包的汉堡呦。”阴险的妈妈在倒计时数着宝的反应时间——3、2、1。

“哈哈哈，汉堡！汉堡！哈哈哈！”宝又中招了，笑的前仰后合，声音一浪高过一浪。

自助晚餐是丰盛的大杂烩，有海鲜、烤肉、寿司、沙拉、面条和各种水果。

妈妈抱起宝转了一圈，装了满满两盘子。

“妈妈，那个叔叔拿那么多，堆得像小山一样！”宝把手藏在桌子下面，指指坐在对面的一个美国人。

“哦，那个叔叔可能很饿。”妈妈看了一眼说。

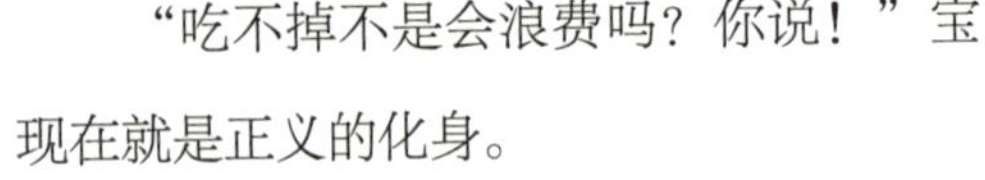

“吃不掉不是会浪费吗？你说！”宝现在就是正义的化身。

然后，“嫉恶如仇”的宝就一直盯着那个美国人吃饭。

“妈妈，他现在开始吃肉了。”

“妈妈，他没把鱼吃光。”

“妈妈，你看，面条剩下了。”

“妈妈，他没有吃干净！他浪费！”

妈妈想了想，最后还是没说“宝贝吃自己的饭，让别人也吃吧。”毕竟宝在勇敢地表达自己的观点，而她说的是中文，

周围人也不懂，所以，除了让妈妈的耳旁像围了一群“嗡嗡”直叫的小蜜蜂，似乎也没有打扰到其他人吃饭。

餐毕，收盘。迷人的旋律在华灯初上的空中楼阁，轻缓响起。

舞台中央走来几对帅哥美女，展示波利尼西亚人特有的服饰装扮，一块艳丽的布，不缝一针一线，绕着身体，巧妙地折叠，就成了一件既随意又合身的衣服。

为纪念火山女神而发明的草裙舞，还原了这个不知来自何处的民族，当年劈波斩浪征服太平洋的伟大航行。

圣洁的月光女神深情地唱起不知名的歌曲，头戴鲜花的姑娘们甩着瀑布一样的长发，曼妙地轻轻摇摆是她们跃动的希冀；激情澎湃的点点鼓声、吹响起航的号角、疯狂转动的草裙，是他们远渡重洋的决心。晒得黝黑发亮的勇士们在激昂的音乐中，站成铁壁铜墙，万众一心地拼命划着船浆，用赤裸的脚用力地跺着大地，那是他们在与大自然搏斗的传奇。划破夜空的熊熊火把，在他们的手中如风火轮一样

飞旋，那是他们胸中的豪情壮志。他们用勤劳和智慧在汪洋大海的中央打造了自己梦想的乌托邦。虽然在许多年以后，野心勃勃的美国将领土从陆地扩展到海洋，将夏威夷变成美国的第50个州，这也使美国的疆域跨越了寒、温、热三个温度带。

亲爱的宝，你感受到梦想的力量了吗？

从古至今，不论哪个年代，不论哪个种族，只要拥有了不倒的信念，就有了愚公移山的勇气，只要有了梦想的彼岸，就有了扬帆远航的坚韧。看着沉浸在快乐中的宝，妈妈相信，终有一日，你会到达妈妈永远也无法企及的明天。

表演结束，余音绕梁。

夜已深，为了安全，妈妈和宝没有走来时的路，随着散场的人群，戴月而归。

“妈妈，我改变主意了。”宝突然说道。

“改变什么？”

“我原来想长大以后当老师，我现在想长大以后当个舞蹈家。”宝一边说，一边垫着脚，在原地转了一个圈儿，小裙子像一朵盛开的夏日莲花。

“是要跳草裙舞吗？”妈妈笑看着宝。

“嗯！必须跳拿着火把转来转去的那段！”宝一会儿转着手腕，一会儿甩着手臂。

“妈妈，我可不可以白天到学校当老师，晚上去表演草裙舞？”宝好像很为难的样子。

“当然可以啦！”妈妈当然会纵容宝的每一个“非分之想”。

“那就这么决定了！”宝快乐极了，把两条小手臂交替着转得飞快。

妈妈看着“一直在模仿但却注定会超越”的宝，她的纯真笑容和快乐的草裙舞，带着质朴的爱和简单的幸福，就这样定格在妈妈的记忆中 。

来自妈妈的建议

1. 如果不考虑路途及晚归，可以到波利尼西亚文化中心欣赏草裙舞。那同时也是一座规模很大的民族文化博物馆，可更全面地了解相关历史。

2. 门票也可以在国内先买好呦，临时购买没有折扣。

3. 欣赏舞蹈时，请照看好宝贝，尤其是演员甩火把的阶段，不可以距离太近，也不要用闪光灯分散演员注意力呀！在外旅行，安全第一！

永恒的珍珠港

妈妈对珍珠港的了解，除了从历史书上获得，还源自那部十几年前的经典同名电影。

尽管这部《珍珠港》被拍成了爱情片，但影片中大部分战火纷飞的场面还是令人毛发直竖，印象深刻。

另一部知名度不如前者的《虎虎虎》，妈妈没有看过，只是有所耳闻。当年日军在偷袭珍珠港的行动成功后，发出的暗号就是“虎虎虎”，电影由此得名。

也因为这次惨痛的被袭经历，美国正式宣布加入第二次世界大战。

宝既没有读过这类书籍，也没有看过这两部电影，妈妈要怎么带她去感受一下呢?

“妈妈，‘珍珠港’是什么意思？”宝舞着小手掌，一派天真地问。

“‘珍珠港’是一个港口的名字，可能以前那里有很多珍珠吧。”

“妈妈，那也可能是因为港口的形状长得像一颗圆圆的珍珠呀。”宝的两只手比划着，像在摩挲着一颗夜明珠。

“嗯，也有可能呦，我们今天去看看就知道了。”妈妈边说，边给宝换上了很搭调的海魂衫。

酒店每天都有往返珍珠港的车，很是方便，按人头收费，不分大人儿童。

与我们同车的是一对德国夫妇，来自慕尼黑，在岛上已经住了三个星期。

“妈妈，你会德语吗？”宝粘在妈妈身上，望着他们。

“妈妈不会德语，不过他们会说英语。英文目前是世界通行语言哪。”

“妈妈，你不觉得和什么国家的人聊天，就应该用什么国家的语言吗？那样不是更好一些吗？”宝有自己的小理论。

“嗯，宝贝说得挺有道理的，以后你可以这样。”妈妈笑着拧了一下宝的小脸蛋。

“嗯，那你问问他们是不是从汉堡来的哇？”宝狡猾一笑。

“他们也问宝贝是从哪里来的？”

“杯近！杯近！”宝是在说“北京”。

谈笑间，就到了闻名遐迩的第二次世界大战太平洋（战争）国家纪念馆。

曾经作为美国海军太平洋舰队基地的珍珠港，如今变成了布满血泪与弹痕的二战标志性地点。

时至今日，它也成为了美国进行爱国主义教育的基地，是美国国民追思阵亡军人、谨记历史的一处所在，也是几乎每一个到夏威夷的外国游客都一定会前去参观的地方。

天空淡蓝，白云悠悠，连片的绿荫和宁静的港湾，若不是因为知悉那段沉痛的过去，很难想象出这里曾经被铺天盖地的日军战机狂轰滥炸过，悲鸣、哀嚎、痛哭、牺牲都留在了那一天。

那海天一色的水面上，停着几艘型号不一的美军战舰。拂面的春风吹来不解风情的讯息，这里和其他的海域有着不一样的往事。

两位垂垂老矣的幸存者穿着军装，带着看淡生死的超脱坐在那里，偶尔抬起苍老干枯的手掌，默默地整理着满满一桌子的勋章，而他们大部分的战友，却随着被击中的战舰，永远地沉入海底。

纪念馆里也有许多精巧的模型，包括战舰、军舰、轮船、潜水艇、军用飞机等。还有一张美日军事实力对比图表，时间定格在1941年12月7日。

宝数着小图标，一一问着那些行列中的框框都代表着什么。她更感兴趣的是一幅同时画有中国的地图，那是她熟知的祖国领土外形。

“妈妈，珍珠港可真漂亮。”专心数着潜水艇座位的宝，还不能完全领悟战争带来的毁灭和伤害。

海中间的纪念堂，需要另领免费的票，再坐船过去。中转的码头上有一个电影院，可以观看一部还原战争的短片。

导路的工作人员，直接把队伍带到了这里。

当黑白的影像配上低沉的英文对白，宝把头埋在了妈妈怀里，捂上了耳朵，轻声说：“妈妈，我不想待在这里。”可是不能在影片放映中出去，妈妈只能紧紧地抱着宝。还好她完全听不懂，妈妈也只看了一会屏幕，就闭上了眼睛。

上了岸，终于看到了全白色花岗岩的纪念堂，呈拱桥状，是在“亚利桑那”号的残骸上建造而成。这艘3万吨级的战舰，载着1000多名士兵，长眠海底。经过浮台和仪式厅，走进肃穆的圣室，一整面灰白的大理石墙上，刻的全是他们的名字。

宝有点儿想走，说：“妈妈，我不怎么喜欢这里，我想出去。”

于是，妈妈就带着她，乘船返回。

风和日丽，游人不绝。有的在拍照，有的在纪念碑前脱帽，有的向着海面双手合十，有的登上那些供展览的军舰……但所有的人，几乎都没有喧哗，只是偶尔轻声细语，然后离开。

旁边的福特岛，停靠着近6万吨的“密苏里”号战列舰。它曾先后参加硫磺岛战役、冲绳岛战役和对日本本土的攻击作战。1945年9月2日9时02分，就在停泊于东京湾的“密苏里”号甲板上，日本签署了无条件投降书，为二战画上了句号。

而功勋卓著的“密苏里”号现今停泊在珍珠港，默默地守卫着“亚利桑那”号，这两艘战舰分别代表着战争的开始与结束。

纪念馆边，有一间不大的商店，里面摆放着很多简洁精美的素描，用干净的线条勾勒出来的战舰和飞机与战争无关，只有淡淡的安宁。

柜台的一角摆着一只大木碗，不知是谁折的彩色千纸鹤，满满当当的一碗，像一盏轻而暖的香茗，有着不易觉察的甘甜。

宝又活蹦乱跳地说：“妈妈，我好喜欢这家店。”

妈妈也好喜欢这家店，玻璃货架上还有简简单单的珍珠首饰，军舰的拼图，映着珍珠港风景图案的杯子……在这样安稳的岁月里，走进这样一家清雅小店，在这里慵懒地虚掷一些时光也显得那么天经地义。

这里的每一个人，或许都是因为那次战争才来到这里，而这里的每一件商品，其实已经早已作别历史中的血肉模糊与颠沛流离。

宝说的很对，“和什么国家的人聊天，就用什么国家的语言会比较好。”妈妈也觉得，尊重每一个国家的语言和文化，也尊重每一个国家的苦难和历史，会比较好。不论是哪个国家发生炮火战乱，都是一件令人哀痛的事情。

但愿宝的年代远离硝烟，世界和平。

美国大兵：小朋友，为什么不看镜头啊？

妈妈的爱心提示

1. 到珍珠港的车次很多，预约好接送时间，很方便，占地并不大，时间不需要太久呦。

2. 珍珠港免门票，需要存包，只允许带塑料袋进入，所以宝贝的饮用水和零食，都要装好呀。

3. 夏威夷气候多变，时有雷阵雨，如果忘记带雨具，避一会儿也就雨过天晴了。

夏威夷当地的早餐。

妈妈不要变老好吗？

晒成巧克力色的妈妈和宝就快要回家了，是夜里十点的航班，剩下的一整个白天，就准备在沙滩上吹吹风，而妈妈，行至今日，身体有点不适。

“宝贝，妈妈今天不太舒服，到沙滩以后，你自己玩好吗？”妈妈摸摸宝的头发。

“好！”宝在低头收拾沙滩玩具，没有看妈妈。

“妈妈就在旁边看书，有事喊妈妈。”

“嗯，知道了！”宝点点头。

夏威夷像座大花园，既有地球热带的风情、度假胜地的悠闲，也有紫外线很强的阳光和阵阵带着咸湿气味的剪剪海风。

看着美景，会觉得整个人都在这得天独厚的岛屿中像烤肉串一样，被晒得油亮酥透；肤色被晕成了奥利奥，或者说酱烧茄子，还是放多了生抽的那种。

不小心就暴露了，妈妈的中国胃也想家了。

“妈妈，晒太阳能补钙对不对？”在耀眼的阳光里，宝这样问。

“对呀，怎么啦？”妈妈慢慢地推着宝。

“晒太阳能治病吗？”宝扭过头来，关切地问。

“能杀死小细菌，但还得多喝水多休息才行。”妈妈漫不经心地回答。

“哦。”宝回过头，继续看着前方和周围的景致。

妈妈和宝走过那棵枝繁叶茂的大榕树，树下有年轻的学生们正在玩橄榄球，转弯走到海滩边上的水泥小路，看到椰子树下停着一辆卡车。

“妈妈，那是在做什么？”宝对没有见过的东西都十分好奇。

“妈妈也不知道呢，咱们走过去瞧瞧。”

走到树下，是一辆白色的卡车，后斗上放着一个升降梯，长摇臂连着一个形似垃圾桶的框子，高高的树干上悬空站着一个戴着安全帽的工人，腰上系着一圈宽宽的黑色束带，他没有站在框子里。

“妈妈，那个叔叔是在做什么？”

“应该是在摘椰子吧？”

“不是，他是在摘树叶。”过了一会儿，宝很肯定地这样说。

“宝贝怎么知道？”

“因为我看到卡车上面有树叶，那都是叔叔摘的。”

妈妈仔细一看，确实是这样，妈妈怎么没注意到？

“妈妈，叔叔把一个宝宝椅安在了树干上，他坐在宝宝椅里，所以掉不下来。”

“是吗？太高了，妈妈看不清楚呢。”

“嗯，是！”宝斩钉截铁地回答。

后来妈妈把拍下的照片在电脑里放大才看清楚，摘叶子的工人是坐在一个从腰部连到腿部的黑色托带上，整体看上去像一把简易的儿

叔叔坐在宝宝椅里摘树叶。

童座椅。宝不仅学会了在路上去接纳陌生的人事物情，还学会了观察和思考，不只是一味地听妈妈的单边解说。她有了自己的逻辑思维，并以此推理出了确定的结论。

宝一直在树下专心致志地看着工人高空作业完毕，跨进升降框里徐徐下来，把树叶压上卡车，长长的叶茎从两侧拖在地上，卡车发动，不知开往何方。

妈妈和宝走向沙滩，在树荫下一起铺开两块浴巾，把果汁和杯子都放在旁边，宝就提着沙滩玩具跳着玩开了。

妈妈，看我的脚！

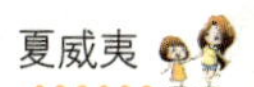

看着碧海蓝天中的她乐此不疲地挖着沙，妈妈躺在浴巾上，静静地望着天边大团大团的白云发呆，清晨的沙子带着正好的温度贴着后背。

这趟于妈妈而言刻骨铭心的旅行就快结束了，妈妈和宝相依为命、浪迹天涯的记忆就要封存了。

凭海临风，妈妈百感交集。

忽然，宝的双下巴出现在妈妈的视线里，宝低头看着躺在地上的妈妈，风吹乱了她的头发，盖住了小小的脸蛋，只看见薄薄的两片嘴唇在动：“妈妈，你要不要喝鸡蛋汤？”宝空不出手来拨开吹进嘴里的头发。

给妈妈做鸡蛋汤。

妈妈坐起来，看见她捧着一个黄色的葫芦形玩具，里面盛满了银色的细沙。

“妈妈，你好些了吗？这是我给你做的汤。”宝谄笑着。

“宝贝在玩过家家的游戏吗？”

“嗯！今天妈妈生病了，我要给妈妈做饭。”宝这样回答。

原来她一直记挂着妈妈说过的话；原来她纹丝不动地坐在那里挖沙是因为在给妈妈煮饭；原来出门在外，年仅四岁半的她也知道要照顾身体不舒服的妈妈。

妈妈接过这碗充满爱心的“鸡蛋汤”，仔细端详，越看越觉得真是玉液琼浆，然后作出享用美味的样子，一饮而尽。

“妈妈，你要多晒太阳。”宝叮嘱后又安静地走开了。

这趟因她而起的旅行，一路风尘，其实何尝不是她在细心陪伴着妈妈？

平日里给她讲睡前故事都是读《托马斯和它的朋友们》《巴巴爸爸和巴巴妈妈》《不一样的卡梅拉》，这一次妈妈在看书，顺便给她读了手中《约翰·克里斯多夫》的最后一段：

“三经钟响起，……，克里斯多夫最后终于到达了彼岸。于是他对孩子说道：我们到了！你多么沉啊！孩子，你究竟是谁呢？”

孩子答道：我是即将诞生的日子。”

“妈妈，为什么孩子是即将诞生的日子？”这句话对宝来说太深奥了。

“因为宝贝每一天都在长大，就像一个个即将到来的明天，每天都有无法预料的变化，每天都不一样呀。”

“妈妈，我还是不太明白。但是，等我长大了，我希望你不要变老。”宝一下子就抱住了妈妈。

“那如果，妈妈变老了呢？”

“不行不行！就不行！就是不行嘛！”宝的脑袋摇得像个拨浪鼓，紧贴着妈妈，反复地说着“不行”，像在耍赖。

亲爱的宝贝，妈妈是一定会变老的。

正因为如此，妈妈才要在可以抱得动你的时候，多抱抱你，在可以背得动你的时候，背着你走。

趁在天黑落幕以前，趁你还没有遇见你的那个他之前，妈妈会一直陪伴在你左右，在同舟共渡的岁月里，妈妈会牵着宝贝走过出生的懵懂、豆蔻的彷徨、流泪的青春，一起经历宝贝成长的感伤，直到地老天荒、海枯石烂，直到妈妈两鬓覆霜，白发苍苍。

后 记

如果独自带宝旅行是一场痴心不改的adventure（冒险），那么提笔写这本书就是另一场无心插柳的surprise（惊喜）。

感谢兴盛乐出版公司的诚意约稿，让我可以为宝写一本意想不到的书，并如愿出版。

为了不辜负这份信任，我写得认真而诚恳。

还因为，我相信在这个世界上，至少会有一个人以拳拳之心来读它，那就是长大成人后的宝。

在这本书里，文笔不好的我斟词酌句、费尽心思地记录了她无一重复的稚语和笑貌，贪婪地想把她在旅途中一丝一毫的变化都刻在脑里，铭在心间。

而写着写着，我就突然有种时光交错的惶惑：我的孩子，是什么时候长成了现在的模样？

那仿佛还历历在目的过往，出生时不顾一切的嚎啕大哭；月子里比闹钟还准时的夜奶叫醒；那牙牙学语时清晰喊出的第一声“妈妈”；跌跌撞撞、磕磕碰碰的蹒跚学步，摔倒后委屈地一头扎进我的怀里，用仅有的几颗牙咬住下嘴唇，短短的小手臂紧紧地圈住我的脖子啜泣：“妈妈，疼疼疼。”

我的心就碎了一地。

突然有一天，她就能说全一整个句子，不再像只无助的小猩猩，在大人听不懂她的动物语时，急得抓耳挠腮，捶胸顿足；

又突然有一天，她会笑脸殷勤地把好吃的递给我，然后一定看着我吃光，才露出只有一边的小酒窝；

又突然有一天，穿着粉色小纱裙的她，在舞蹈课上表演完毕，轻轻地转身，一只小手搭在胸前，一只小手背在身后，向我鞠躬行礼：“妈妈，母亲节快乐！”

眼前的她，快乐又自信，而我却恍如隔世地想要流泪。

好吧，即使将来她对这本书不以为意，我依然会对本书珍视非常，拿起这本书，想起曾经带着四岁半的她，为爱远走海角天边的无悔旅行。

那么在她离开我的身边，也为人妻为人母，拥有一个和她一样古灵精怪的宝贝时，请放心，我不会自怨自艾地捧着回忆取暖，我会把这本书甩给她，假装很酷地说：“哎，你，快点带我外孙（女）去旅行！”

所以，我写得认真而诚恳，送给每一位和我一样平凡的天使妈妈。

如果这本书里的只字片语，可以为您和宝贝的旅行提供一点点的有用信息，那么它就有更加深远而美好的意义。

感谢你在书中，与我们娘儿俩相遇。

2015年春